Coleção

Biblioteca
do Maçom

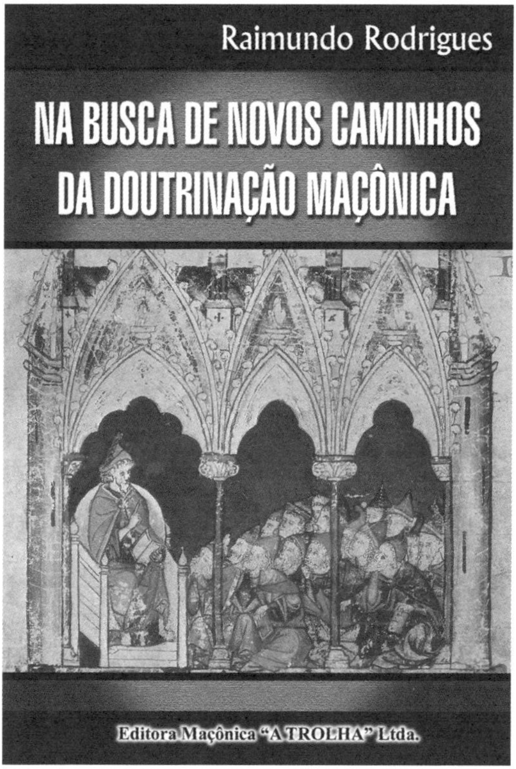

EDITORA MAÇÔNICA
A TROLHA

RAIMUNDO RODRIGUES

NA BUSCA DE NOVOS CAMINHOS DA DOUTRINAÇÃO MAÇÔNICA

FILOSOFIA – HISTÓRIA – RITUALÍSTICA

Editora Maçônica "A TROLHA" Ltda.
Rua Castro Alves, 264 – Jd. Shangri-lá A – Fone (43) 3337-1982
Fax (43) 3326-0915 – Cx. Postal 238
CEP 86001-970 – Londrina – PR

Londrina, janeiro de 2011

Todos os direitos desta edição são reservados à
EDITORA MAÇÔNICA "A TROLHA" LTDA.
Rua Castro Alves, 264 – Jd. Shangri-lá A
86070-670 – Londrina – PR
Cx. Postal 238 – CEP 86001-970
Fone (43) **3337-1982** – Fax (43) **3326-0915**
Site: www.atrolha.com.br
E-mail: redacao@atrolha.com.br

Coordenação Geral:
Conselho Editorial

1ª Edição:
2011

Tiragem:
1.800 exemplares

Projeto Gráfico e Diagramação:
Maristela Meneghetti

Capa:
Ulisses R.M. Candreva

Revisão:
Virgínia Cristina Audi Ayres

Impressão e acabamento:
Viena Gráfica & Editora

Obediência: *Grande Loja Maçônica do Estado de São Paulo (GLESP)*

Dados Internacionais de Catalogação na Publicação (CIP-Brasil)
CATALOGAÇÃO NA FONTE

R696n Rodrigues, Raimundo.
Na busca de novos caminhos da doutrinação maçônica : filosofia, história, ritualística / Raimundo Rodrigues. – 1. ed. – Londrina: Ed. Maçônica "A TROLHA", 2011.
166p.; 14,21 cm. – (Coleção Biblioteca do Maçom).

ISBN: 978-85-7252-285-4

1. Maçonaria – História. 2. Maçonaria – Filosofia. 3. Maçonaria – Rituais. 4. Arte e Maçonaria. I. Título. II. Série.

CDD 366.1
CDU 061.236.6

Índices para Catálogo Sistemático:

1. Maçonaria – História
061.236.6 (CDU)
2. Maçonaria – Filosofia
061.236.1:1 (CDU)
3. Maçonaria – Rituais
061.236.6 (CDU)
4. Arte – Maçonaria
061.236.6 (CDU)

Dedico este livro a esta criatura admirável – LAZINHA – minha mulher!

Para
Cristina – minha filha
Larissa – minha neta
Rafael – meu neto

Não diz a Maçonaria o que deve ser feito
porque preconiza a não imposição
de padrões ou fórmulas, além de
seus princípios fundamentais liberando-os,
no entanto, à livre investigação da verdade.
(Luiz da Silva Muzi)

Sumário

Apresentação dos Editores 13
Observações Necessárias sobre as Origens da Maçonaria 15
Old Charges 21
O Escritor e a Maçonaria 27
O que se Pode Dizer sobre a Abolição da Escravatura 33
Os Segredos da Maçonaria 45
Inteligência – Lógica – Ideia 49
Da Oratória Maçônica 55
Algumas Observações sobre o Ser em Si 59
As Cruzadas 65
A Grande Responsabilidade de quem Governa uma Loja 73
O Ritual e suas Belezas 77
Fé, Razão, Imaginação 81
Compreensão 85
Algumas Observações sobre o Cargo de Secretário 89
Os Árabes e a Filosofia Grega 95
As Sete Artes da Antiguidade e a Maçonaria 103
Histórias 107
O Padrinho e suas Obrigações 115
Que Pensava Ele? 121

George Berkeley 125
A Loja 135
Escola Autêntica 143
A Loja "Comércio e Artes" e a Fundação do Grande Oriente do Brasil 147
O Fundo Moral da Filosofia de Sócrates 153
Bibliografia 159
Obras do Autor 163

Apresentação dos Editores

Este livro merece uma leitura especial, primeiro por ser do Irmão Raimundo Rodrigues, e segundo porque foi o último livro escrito por ele, um Irmão que no alto dos seus 90 anos ainda buscava novos caminhos.

Este intelectual marcou a Maçonaria não apenas pelo conteúdo dos seus escritos, mas também pela sua postura como homem e Maçom. Dono de uma extraordinária memória e habilidade em trazer à Maçonaria o seu imenso cabedal filosófico, foi ao mesmo tempo filósofo e Maçom, um sempre dirigindo o pensamento do outro. Um homem que sempre iluminou caminhos pela maneira de ser e de escrever. De pequena estatura, mas que se tornava imenso quando defendia seus posicionamentos fossem eles de ordem maçônica ou filosófica, aceitos ou não.

É, portanto, indispensável a quem ler esta obra um posicionamento crítico para que perceba que a Maçonaria teve a sua origem e se manteve intacta até hoje por ter em seus Quadros homens livres e de bons costumes, homens que escrevem como o Irmão Raimundo e que leem como o Irmão Raimundo, homens que se transformam e transformam outros ao seu redor. Homens que prezam a liberdade de pensar e preservam a dignidade de serem homens, como espécie e não gênero. A Maçonaria deu e dá esta oportunidade a todos os que se reúnem para aprender e ensinar.

Quando um Irmão da estirpe dele se despede de nós e segue para o Oriente Eterno, ele deixa o seu pensar imortalizado. Nem sempre um autor agrada a todos, mas sempre deixa uma fonte de conhecimento para ser amplamente discutida. É um florescer desmesurado, onde o que importa é o pensar e disseminar as sementes de um modo de vida.

Este livro foi um presente que este valoroso Irmão deixou, em uma vida de estudo e da mais pura lucidez.

Obrigada Irmão Raimundo Rodrigues.

Os Editores
Londrina, janeiro de 2011.

Observações Necessárias sobre as Origens da Maçonaria

Quando alguém resolve escrever sobre as origens da Maçonaria de Ofício encontra sérias dificuldades, sobretudo por encontrar dezenas e dezenas de opiniões que se contrapõem e se chocam, causando confusão no espírito de quem está em busca da verdade.

Nicola Aslan no Prefácio da obra de sua autoria "Maçonaria Operativa" começa dizendo que...

> *A História da Maçonaria é realmente complexa. Somente o problema das origens causou aos historiadores muita aflição. E, no entanto, tem sido tratado com leviandade e até com petulância. Desta forma, os Maçons em geral, durante mais de dois séculos tiveram da história de sua Instituição uma imagem das mais fantasistas, por terem sido, segundo a expressão de Alec Mellor "literalmente empanturrados de genealogias míticas ao mesmo tempo em que de história partidária".*

Naturalmente que essa enxurrada de opiniões diferentes fez com que se tornasse penosa a busca das origens da Maçonaria Operativa para quem estuda. Às vezes surge uma afirmativa fantasiosa de alguém – respeitado pelos afiliados da Ordem, tido e havido como sabedor das coisas. É de ver-se que uma afirmativa saída da boca de alguém considerado sábio, pode produzir dúvida no espírito de quem está em busca da verdade. E o que é pior: é que ensinado um erro, ele corre mundo como se fora ensinança correta.

As dúvidas ou as pseudodúvidas de que quem não estuda não vai a lugar nenhum. Além do mais, é preciso que se tenha em mira que há Irmãos que aprendem pelo ouvir. Este tipo de aprendizagem é perigoso. Quando a pessoa aprende através da leitura, tem oportunidade de analisar o que está lendo e pode não aceitar o que ali está escrito. Quem não lê aceita a pseudoverdade pelo ouvir e na mor das vezes não tem como divergir daquilo que o sentido da audição lhe comunicava.

Existe o escritor e existe o historiador. Muitas vezes o escritor tem que entrar no terreno da história. Se ele for consciencioso irá consultar o historiador ou os historiadores que lhe mereçam fé. Se entrar no terreno da história pura e simplesmente, corre o risco de disseminar fatos que julga serem verdadeiramente legítimos porque no seu parecer existiram.

Em sendo contestado, poderia apresentar provas do que anunciou como fato histórico verdadeiro?

O Irmão Darley Worm, escritor e historiador de méritos, em um de seus escritos faz uma afirmação com a qual estamos de pleno acordo. Diz ele:

> *Para ter uma ideia do que é a Instituição, devemos estar, pelo menos, mais ou menos fundamentado, em outros ramos do conhecimento. Desde logo de História Universal, de História da Filosofia, de História das Religiões, da Cultura, da História das Ciências, principalmente das matemáticas, porque do cerne central de nossa Instituição derivam todas essas formas de conhecimento.*

O que Darley Worm está dizendo é que para se saber o que seja a Instituição, a fim de poder ensinar alguma coisa é preciso ter cultura geral. Contudo, isto nem sempre acontece. Não raras vezes surgem livros cujos autores querem ensinar baseados exclusivamente na imaginação. A imaginação cria obras de arte, mas pode também criar invenções disparatadas.

Para nós, a História Universal é de extrema valia para quem deseja escrever a história de um povo, a história das Cruzadas, ou a história da Inquisição, ou a história dos Templários, ou a história da Revolução Francesa...

O que desejamos deixar bem claro é que é preciso conhecer a História Universal se quisermos escrever sobre qualquer capítulo da História da Maçonaria. Quem quiser escrever imiscuindo-se na história de nossa Ordem, precisa conhecer a história da Idade Média e os fatos principais que se desenrolaram dentro dos mil anos de sua duração.

História da Idade Antiga, História da Idade Média nem sempre são do conhecimento de quem se mete a escrever sobre a Maçonaria Operativa. Sem o conhecimento do que aconteceu nessas fases da História da Humanidade é perigoso a alguém querer escrever ou ensinar sobre a História da Maçonaria. Por isso mesmo, é bom a gente meditar sobre as palavras deixadas por Nicola Aslan na obra já por nós citada:

> *Sem o conhecimento da estrutura medieval do trabalho, muito difícil será a compreensão das origens da Maçonaria, e muito menos ainda a origem dos usos e costumes, de que a Maçonaria se acha tão impregnada, a ponto conferir-lhe o aspecto* **sui generis** *que a diferencia das outras associações, que encanta e cativa, mas que poucos entendem. Admitida a teoria da origem da Maçonaria nas corporações medievais tudo se torna tão fácil e luminoso que chega a deslumbrar* (p. 13).

Alguém precisa conhecer a história de nossa Ordem? Procure as obras dos historiadores, ou mesmo, de escritores que merecem fé, e leia, pesquise e estude, sem pressa e sem afobação e ficará senhor de tudo o que precisa saber sobre a história da Sublime Instituição.

Darley Worm, na obra por nós citada, aponta o Trabalho realizado pelo Irmão Charles Bernardim, atendendo a pedido feito pelo Grande Oriente de França.

Charles pesquisou em duzentas e seis obras, procurando descobrir a opinião de cada autor sobre as origens da Maçonaria.

Não sabemos, diante do que descobriu aquele Irmão, se devemos rir ou chorar. Afiançamos aos nossos leitores que nunca tínhamos lido tantas asneiras, assim, tão perto umas das outras.

Alguns autores, talvez por não terem o que fazer, ficam inventando provas para o aparecimento da Maçonaria Especulativa. A verdade é que não existe dificuldade alguma para que se compreenda como é que a Maçonaria de Ofício se transformou em Maçonaria Especulativa. Dissemos "se transformou". Sim, a Maçonaria Operativa já "era Maçonaria". Temos debaixo dos olhos um exemplar do Manuscrito de Hallywell, mais conhecido como Poema Régio. Vamos copiar os versos 5 e 6 da II estrofe, página 7, onde aparece o nome "Maçonaria".

Nessa época, mediante boa geometria,
Esta honesta arte de boa Maçonaria.

Vejamos os versos 9 e 10 dessa mesma estrofe:

As orações destes senhores; eles a geometria simulavam,
E a ela o nome de Maçonaria lhe davam.

Voltaremos a falar sobre o Poema Régio no capítulo que dedicaremos às **Old Charges.**

Mas, voltemos à vaca fria. Essa coisa de se querer que as origens da Maçonaria se percam na poeira do tempo tem um grande culpado e esse culpado é exatamente alguém que jamais poderia sair com uma invencionice disparatada, sem ponta por onde se lhe pegue.

James Anderson, na Constituição que leva o seu nome, publicada em 1723, no capítulo referente à História da Maçonaria, coloca o nascimento da Sublime Instituição no Paraíso Terrestre. A sorte é que, nos dias de agora, ninguém leva a sério essa elucubração do compilador da Constituição.

Aliás, Nicola Aslan, na obra já por nós citada, tem um parágrafo excelente que merece ser transcrito. Ali, às páginas 27, diz ele:

> *Mas o fato do Rev. Anderson ter colocado a história da Fraternidade na Bíblia, e ter considerado como Grão-Mestre da Ordem todos os personagens ilustres da antiguidade, a começar por Adão, não logrou melhorar muito o valor histórico das lendas medievais apresentadas como História. O resultado foi que, meio século mais tarde, Maçons mais cultos exigiram a eliminação daquele mistifório do Livro das Constituições da Grande Loja da Inglaterra do qual fazia parte integrante, desde 1723, e o Dr. Anderson perdeu a suja auréola de primeiro historiador da Ordem.*

O que não podia acontecer e que nos deixa realmente triste é haver ainda quem continue espalhando assuntos já, hoje, comprovadamente sem os foros da legitimidade histórica.

É certo que livros antigos continuam por aí espalhando inverdades, "sujando" a História.

Nicola Aslan, na obra citada, escreveu isto:

> *É desnecessário falar-se de uma Maçonaria primitiva que nunca existiu. Sob este rótulo, escritores do século passado* (Aslan se refere ao século XIX) *englobam as sociedades iniciáticas de mistérios da antiguidade – que absolutamente nada têm a ver com a Instituição Maçônica – partindo do seguinte pressuposto: a Maçonaria é uma sociedade iniciática, logo as sociedades iniciáticas da antiguidade foram sociedades maçônicas, ou melhor, foram a Maçonaria Operativa. Nem mesmo se deram ao trabalho de averiguar quando a Maçonaria se transformou em sociedade iniciática. Continuam pensando que a Maçonaria surgiu com Adão e que este estabeleceu a primeira Loja Maçônica.*

A bem da verdade convém assinalar que, hoje em dia, já não se lê tantas invenções como antigamente. Podemos dizer que depois da fundação da primeira Loja de Pesquisas do mundo, a "Quatuor Coronati", de Londres, as Lojas de Pesquisas Maçônicas foram aparecendo em quase todos os países. Historiadores de primeira linha, depois de estudos profundos e análises dos documentos existentes, puderam fixar com absoluta certeza que a Maçonaria Operativa surgiu durante a Idade Média.

Old Charges

O MANUSCRITO DE HALLYWELL OU POEMA RÉGIO

O Poema Régio (ou Poema Regius) é o mais antigo documento da Maçonaria Operativa.

> *James Hallywell descobriu um antigo manuscrito nos arquivos do Museu Britânico em 1838. Pelo tipo de pergaminho, língua e escrita, os cientistas concluíram que esse documento fora escrito em 1390, aproximadamente. O poema consiste de 794 versos em inglês e abrange vários assuntos, a maioria referente à Maçonaria Operativa. O poema inclui regras para o governo da Arte, além de quinze artigos e quinze itens relativos à ética e às responsabilidades religiosas dos antigos artesãos, válidos hoje como o eram há mil anos.*

Nicola Aslan, às páginas 189 da obra já por nós citada, diz o seguinte:

> *O Poema Regius que constitui o documento mais antigo da Maçonaria Operativa estava escondido na Régia Biblioteca do Museu Britânico e tinha sido classificado erroneamente por David Casley sob o título de Poema de deveres universais. O*

precioso documento foi encontrado provavelmente em 1839 pelo antiquário James Orchard.

Em nossos arquivos encontramos, lavrado com nossa letra, o seguinte:

O Poema Régio se encontra no Museu Britânico, e é datado de 1390. Admite-se que seja cópia de um original de 30 ou 40 antes de 1390.

É reconhecidamente o mais antigo documento que se conhece sobre a Maçonaria Operativa. O poema foi escrito em inglês medieval, tendo sido transposto para o inglês moderno. Seu autor é desconhecido. Pertenceu a várias pessoas, sendo seu último possuidor o rei Charles II, daí por que é chamado de Poema Régio. Apesar de ser um manual de conduta moral, traz-nos notícias de como agiam os Maçons Operativos.

Qualquer Irmão que leia com atenção, analisando bem o sentido de cada palavra, ficará com a ideia de que a Maçonaria Operativa começou a existir realmente na Idade Média.

Depois de larga referência sobre o Régio, Jean Palou, sempre arrimado nos estudos de Marius Lépage, escreve o seguinte:

O Regius nos dá também estas informações: a Maçonaria foi introduzida na Inglaterra no tempo do rei Athelstan. Esse Príncipe foi um grande construtor de casas e de templos, por conseguinte um devotado protetor dos pedreiros e propagador zeloso de sua arte. Após longos esforços foi-lhe dado constituir um conselho composto de personagens de elevada posição e sabedoria que redigiram em 15 artigos e em 15 pontos os estatutos maçônicos ("A Franco-Maçonaria", pág. 21).

MANUSCRITO COOKE

Esse manuscrito foi publicado em Londres em 1861 pelo Irmão Mattheu Cook. É considerado como o segundo mais antigo documento da Maçonaria Operativa. É um daqueles documentos "ingleses" que escaparam do "auto de fé" levado a cabo por Desaguliers. O Maçom estudioso e que se queixa da falta de documentação que o ajude na busca da verdade não pode ignorar esse "crime" contra documentos maçônicos ingleses.

Vejamos o que nos diz sobre este assunto nosso Irmão Serge Hutin:

> *La rareté dês documents maçonniques anglais antérieurs à la Maçonnerie spéculative explique sans doute par auto-da-fé réalisé, le 24 juin 1719, par le Pasteur Desaguliers, alors Gran Maitre de La Grande Loge d´Angleterre. Ce Pasteur protestant avait voulu détruire des documents trop empreints à ses yeux de "papisme" et dissimuler les altérations qu'il avait fait subir aux règles fondamentales de la Maçonnerie* (*in Les Francs Maçons*, p. 53).

(A raridade de documentos maçons ingleses, anteriores à Maçonaria Especulativa, explica-se, sem dúvida, pelo auto de fé realizado no dia 24 de junho de 1719, pelo pastor Desaguliers, então Grão-Mestre da Grande Loja da Inglaterra. Este pastor protestante resolveu destruir todos os documentos que, a seu ver, estivessem impregnados de "papismo" e assim dissimular as alterações que ele já havia feito nas regras fundamentais da Maçonaria.)

Nicola Aslan, em uma das obras por nós pesquisada nos oferece o seguinte sobre o Manuscrito Cooke:

> *Trata-se na realidade de uma nova história da Maçonaria Arquitetura, mas desta vez em prosa, transcrita de um compilador anterior. Nela encontramos uma série de prescrições relativas à Assembleia, instruções para admissão de "homens novos", uma referência à jurisdição do Xerife e declaração que a Assembleia tinha sido fundada para que o mais humilde, como o mais elevado, fossem bem servidos nesta Arte por todo reino da Inglaterra pela forma sacramental das Antigas Obrigações: amém...* ***Se mote it be****, isto é, "assim seja"* (*in* "Maçonaria Operativa", pág. 193).

Esse manuscrito trata também de maneira detalhada da lenda do rei Athelstan. No rodapé da pág. 35, do livro já por nós citado, Jean Palou transcreve da obra *Études Traditionnells*, de R. Guénon, que passamos a transcrever:

> *Ali se aprende principalmente que o rei Athelstan (falecido em 940) introduziu a Inglaterra novamente na política europeia. Seu filho Edwin reinou de 940 a 946. As descobertas mais recentes trazem, às vezes, confirmações bastante notáveis dos dizeres desses antigos manuscritos, ao mesmo tempo em que desmentem os historiadores que os criticaram a torto e a direito; é o caso, por exemplo, de Edwin cuja existência tem sido tão discutida; o único erro de certos manuscritos é o de terem feito dele filho do rei Athelstan quando, na realidade, era seu irmão.*

RELAÇÃO DOS MANUSCRITOS MAIS CONHECIDOS

1 – Régio ou Hallywell – século XIV
2 – Cooke – século XV
3 – William Waltson – século XV
4 – Tew – século XVI

O LIVRO DOS OFÍCIOS

Documento de suma importância é aquele chamado "Livro dos Ofícios", pois é o repositório dos Estatutos de todas as corporações existentes na França, aí por volta de 1268.

A existência do "Livro dos Ofícios" se deve ao Preboste dos negociantes de Paris, Étienne Boileau, que foi quem idealizou a redação daquele documento.

Segundo alguns autores franceses o "Livro dos Ofícios" *"é uma fonte preciosa para a história social e econômica da França do século XIII"*.

Esse documento interessa sobremodo à nossa História, uma vez que se encontra ali o 48º estatuto que diz respeito aos *pedreiros cortadores de pedra* e aos *estucadores*, isto é, os Franco-Maçons daqueles tempos.

Vejamos o que diz o 7º parágrafo do 48º estatuto, de acordo com a transcrição feita por Jean Palou, na obra já por nós citada, às páginas 37:

> *Os pedreiros, os estucadores, os misturadores podem ter quantos ajudantes e valetes quantos forem de seu agrado, contanto que não mostrem a nenhum deles nada de seu ofício.*

Feita a transcrição, Palou faz o seguinte comentário: "*Isto parece confirmar o segredo dos Maçons*".

O Escritor e a Maçonaria

Já Aristóteles escrevera na sua excelente "A Ética de Nicômaco" que:

> *No seu mais amplo sentido pode dizer-se que a justiça abarca todas as virtudes e que ela é a virtude ótima e perfeita, perfeita porque quem a pratica pode usar da virtude não só nas coisas próprias, senão também com respeito aos outros todos.*

Daí por que o intuito primeiro deste ensaio é fazer justiça no seu início e no seu final; o segundo, falar ao/sobre o escritor.

A lembrança é o apanágio da memória. Ela pode ser alegre ou triste. Já a saudade é o apanágio do coração. As duas se parecem, mas não se confundem. Surgem no mais das vezes quando menos se espera.

Este não é o nosso caso.

Três são os pontos fundamentais de nossas lembranças, algumas delas ungidas pelo bálsamo da saudade, com pequeno travo de tristeza.

1 – Assis Carvalho (eternizado na Maçonaria pela invenção e pelo trabalho despendido através dela: **"A TROLHA"**).

2 – A fundação, em Londrina, da Loja de Pesquisas "Brasil".

3 – A fundação, em Olinda, da Associação Brasileira da Imprensa Maçônica.

Se essas lembranças aformoseiam nossa memória se deve ao fato de que elas nos fazem pensar no benefício extraordinário prestado a um dos nossos grandes amores – à Maçonaria, Sublime Instituição que nos encanta e nos engrandece, porque dela participamos com todas as forças de nossa alma e de nosso coração!

Assis Carvalho – nosso querido e inesquecível Xico Trolha – com sua revista e sua editora juntamente com a Loja de Pesquisas "Brasil", de tal modo beneficiaram a Sublime Instituição, a ponto de transformarem aquela joia de cidade, que é Londrina, na Catedral da Maçonaria do Brasil.

A terceira entre as nossas lembranças é aquela da fundação da ABIM por quatro escudeiros da Maçonaria: José Castellani, Assis Carvalho, Antônio do Carmo Ferreira e José Carlos Pacheco.

Nos tempos de agora, nos dias de hoje, nada existe de mais útil à nossa imprensa que a tiragem, de quinze em quinze dias, do INFORMABIM, magnífica invenção do Presidente Antônio do Carmo, jornal que faz um trabalho da mais alta benemerência, injetando coragem na alma dos Maçons que, com grandes sacrifícios, editam boletins e pequenos jornais, distribuídos gratuitamente pelos quatro cantos do Brasil.

Antes de tudo, convém lembrar que todo aquele que usa da palavra escrita ou falada produz obra literária, produzindo-a está enriquecendo aquilo que responde pelo nome de literatura.

O inesquecível Padre Antônio de Cruz, nosso professor de português e redação, na Escola Apostólica do Caraça, na sua magnífica obra "Arte da Composição e do Estilo", diz que *literatura é a expressão do belo por meio da palavra falada ou escrita.*

Se tomarmos a palavra no seu sentido popular chegaremos à conclusão de que literatura é o conjunto de obras que testificam a cultura de um povo; em nosso caso, concluiremos que a literatura praticada pelos Maçons, testificam a cultura da Ordem Maçônica.

Dito isto, chega-se à conclusão de que a literatura tem por fito a obra literária.

Como definir o que seja obra literária?

Obra literária é a manifestação escrita ou falada do pensamento capaz de despertar em nós a comoção pelo sentimento do Belo.

É de ver-se, no entanto, que o fim da literatura não é qualquer obra em si, mas somente aquela obra capaz de provocar uma emoção pelo sentimento do Belo. Descartamos do título de obra literária, qualquer escrito que contenha plágio em seu bojo.

Todos os grandes pensadores, a começar por Tomás de Aquino, definiram arte como sendo a *expressão do Belo.*

Sob o ponto de vista artístico, a verdadeira obra literária é aquela que dispõe dos requisitos necessários para agradar, provocando o sentimento do Belo.

Pelo que já foi dito, podemos afirmar que o Belo nada mais é que o resultado de ordem e de grandeza, isto é, a perfeição levada a um sublime grau.

Convém abrirmos um parênteses, para dizer que a beleza humana não é absoluta. Ela permite gradatividade, graduação, medida, comparação. Não é perfeita. Todavia, a beleza absoluta existe. E esta não nos permite graduar, medir ou comparar. A verdadeira e completa beleza é DEUS. DEUS é a beleza absoluta.

Se considerarmos o Belo nos seus efeitos, chegaremos à conclusão de que tudo irá terminar na EMOÇÃO ESTÉTICA e no JUÍZO ESTÉTICO.

Emoção estética é como que um sentimento agradável, resultante da ação conjunta de nossas faculdades cognitivas, quando estas conseguem abstrair de alguma coisa a razão da beleza.

Juízo estético é a atividade crítica que reconhece o Belo. Para nós, Juízo estético e gosto são a mesma coisa.

Mas vamos ao assunto que o título deste escrito nos sugere.

Talvez nos fosse bastante difícil escrever sobre, ou para o escritor, se o Grande Arquiteto do Universo não nos tivesse dado a graça de podermos exercer a faina de escrever livros maçônicos.

Naturalmente que nos referimos ao legítimo escritor Maçom, não ao "escrevinhador" ou ao "plagiador" que desgraçadamente ainda existem entre nós.

O que temos em mira é conversar com o escritor, com aquele a quem chamamos de artista, uma vez que escrever livros fica na dependência do talento de quem os faz.

Ao escritor cabe uma tarefa que não é fácil, porém, é preciso que se tenha a coragem de exercê-la com competência, com amor, para que os leitores possam colher os frutos produzidos pela ensinança que o escritor objetiva.

Faz-se mister que o Maçom escritor tenha a coragem inabalada de ser ele mesmo, jamais se intimidando de levar aos seus leitores – quer nas palestras, nos artigos, nos ensaios ou nos livros – as ideias novas que lhe possam surgir em determinados momentos. Se tal ocorrer, em surgindo novas ideias, deve examiná-las minuciosamente, usando o método cartesiano e, em concluindo pela legitimidade delas, transferi-las para o papel e estará enriquecendo sua obra.

O Maçom que escreve, chegou ao que é porque estudou, porque pesquisou, porque não teve preguiça de armazenar conhecimentos novos.

A Maçonaria é uma escola, muitas são as matérias que ela nos põe à disposição, daí a necessidade de nos dedicarmos a um estudo abrangente, pois nada pode ficar de fora: seja filosofia, seja história, seja doutrina ou ritualística. Em qualquer desses campos, o estudo deve ser profundo, uma vez que não cabe ao Maçom qualquer procedimento que lhe prejudique a aprendizagem da coisa estudada.

Aquele que pretenda escrever, seja artigo, ensaio, palestra, conferência ou livro, há de ter conhecimento que lhe proporcione, o talento que se faz mister para desincumbir-se bem de qualquer daqueles cometimentos literários.

Algumas vezes, em palestras ou por escrito, já nos temos referido sobre a existência da duplicidade dos conhecimentos. O conhecimento pode ser conceptual ou pode ser intuitivo. Em nosso caso, devemos saber que o conhecimento intuitivo é aquele de natureza pessoal, portanto, aplicável ao estudo dos Símbolos, uma vez que, diante de um mesmo Símbolo, dois, três ou mais Maçons podem intuir de maneira diversa, fazendo exegeses completamente diferentes.

O termo intuitivo se casa bem nessa divisão, uma vez que a intuição nada mais é que a percepção clara e espontânea de uma verdade.

O conhecimento conceptual é o chamado conhecimento lógico e que, de acordo com especulações filosóficas, é adquirido através do estudo e da pesquisa honesta, razão por que se pode concluir que tal conhecimento é de natureza impessoal.

O conhecimento conceptual é impessoal por quê?

Porque é aquele conhecimento próprio de um determinado indivíduo, que o adquiriu através do saber de outras pessoas, pelo estudo daquilo que elas escreveram ou ensinaram de viva voz.

Podemos estar certos de que nada existe que exija mais disposição, mais força de vontade que a busca de novos saberes, pelo querer maçônico de alcançar a gnose.

Para escrever ou falar sobre Maçonaria é necessário que sejamos conhecedores da realidade maçônica. É indiscutível que a Ordem nos fornece todos os meios e modos necessários para que alcancemos o ponto exato em que se encontra a sua realidade no tempo e no espaço.

Um dos pontos da realidade maçônica se consubstancia no aparato filosófico em que se escuda e se apoia a própria substância de sua doutrina. A verdade é que nos sentimos envolvidos pela realidade maçônica, antes mesmo de nos apercebermos ou conceituarmos essa realidade que tem o condão de nos impressionar e, sentindo-a, o Maçom revela uma dupla face: uma que se agasalha no seu interior, no seu coração, e outra que ele busca, através do amor, penetrar a mais e mais, tornando-se um Maçom digno diante dos homens e diante de Deus.

Todos aqueles que tiveram a felicidade de se aperceberem da verdadeira finalidade do labor maçônico, verificaram que Maçonaria é muito mais rica e, sobretudo, muitíssimo mais nobre que os conceitos que dela se possam formular.

A verdade é só uma: o Maçom que percebeu a grandiosidade que se encerra na filosofia da Sublime Instituição, este está definitivamente inserido na realidade agnóstica da Maçonaria.

E agora, fica bem a pergunta: e o articulista, e o palestrante, e o escritor, chegam a que conclusão?

A nossa certeza é que eles, estudiosos que são, concluem que é necessário transcender a realidade, ao descobrir que realidade, outra que não a maçônica, não preenche a necessidade do que deve ser escrito, do que deve ser ensinado.

Se pararmos para pensar, descobriremos que o caminho é um só. Procuremos inserir-nos na realidade que a Maçonaria nos oferece. Continuemos, sem esmorecimentos, o trabalho, a luta incessante pela grandiosidade cada vez maior de nossa Sublime Instituição, seguindo o exemplo daqueles extraordinários Maçons que lutaram e que sofreram, mas nunca abriram mão do seu amor pela Maçonaria: Nicola Aslan, Theobaldo Varoli Filho, Assis Carvalho, José Castellani, Octacílio Schüler Sobrinho, Osvaldo Ortega, Fernando Salles Paschoal, Hervê Cordovil, Francisco Rorato, Lysis Brandão da Rocha, Morivalde Calvet Fagundes, Rizzardo da Camino, Breno Trautwein, Ambrósio Peters, Marcos Santiago e Zé Rodrix.

O que se Pode Dizer sobre a Abolição da Escravatura

Velas enfunadas ao vento, aquela nau punha um ponto de beleza na aquarela formada pela massa líquido-azulada do mar, iluminada pelos raios dourados de um sol que começava a declinar, procurando o horizonte e que, dentro em pouco, mergulharia no oceano, deixando que a noite invadisse os caminhos do mundo.

E o poeta, diante daquele quadro exclama:

Estamos em pleno mar... abrindo as velas
Ao quente arfar da viração marinha,
Veleiro brigue corre à flor dos mares
Como roçam na vaga as andorinhas.

Donde vem?... Onde vai... Das naus errantes
Quem sabe o rumo se é tão grande o espaço,
Neste Saara os corcéis o pó levantam,
Galopam, voam, mas não deixam traço.

Castro Alves faz a indagação como se não soubera para que porto se dirigia a nau, que nas velas brancas, qual asas da Alcione, trazia, pesa-nos dizê-lo, desenhada a Cruz do Cristo.

Sim, ele sabia... Ele tinha conhecimento de que o brigue que singrava aquele mar sereno, ajudando a compor a beleza magnífica daquele quadro pintado pelo Criador dos mundos, escondia nos seus porões infectos o pavoroso resultado da maldade humana.

Desde 1551, dos navios negreiros desembarcavam nos portos do Brasil, homens, mulheres e crianças, vindos, sobretudo, da Guiné, de Loanda, de Angola e de Moçambique.

A África é a terra onde se cometeram os crimes históricos. E até hoje, nos tempos de agora, ela grita ao mundo a ignomínia que os brancos europeus lhe impuseram durante séculos.

Um dos primeiros movimentos levantados contra o tráfico e contra a própria escravidão, surgiu em Paris com a fundação da *Société dês Amis de Noire*, cujo primeiro presidente foi Condorcet que, em 1781, já havia publicado o ensaio "Reflexões sobre a Escravidão dos Negros", através do qual defendia a abolição gradual da escravatura. A *Société* foi fundada em 1788 e, além de Condorcet, dela participavam Mirabeau, Clavière e Brissot.

Declaramos, com toda a humildade, que tudo aquilo que aprendemos sobre a Abolição no Brasil e no mundo, aprendemos com alguns historiadores que nos merecem fé, sobretudo com o historiador Frederico Guilherme Costa, em seu livro "Breves Ensaios sobre a História da Maçonaria Brasileira", onde se pode aprender tudo o que se refere à história da escravidão. Logo de início, o historiador escreve o seguinte:

> *Num ensaio de 1781, sob o pseudônimo de Schartz, Condorcet propõe meios de abolir a escravidão do negro gradualmente. Além disso estabelece três medidas para a abolição gradual que serviriam, pelo menos as duas primeiras, de modelo para o Governo de D. Pedro II* (obra citada, p. 71).

Mais adiante, às páginas 80, o historiador nos cita as três medidas propostas por Condorcet: *MEIOS DE ABOLIR A ESCRAVIDÃO DOS NEGROS GRADUALMENTE:*

1ª medida – Proibição completa do tráfico.
2ª medida – Emancipação dos nascituros.
3ª medida – Emancipação gradual dos escravos atuais.

A pouco e pouco, a ideia abolicionista foi tomando corpo e alguns Estados hispano-americanos aproveitaram o ensejo de sua independência política e emanciparam seus escravos.

Fê-lo o México a 15 de setembro de 1829. Na Argentina, uma lei declarava livres todos os filhos de escravos que nascessem a partir de janeiro de 1813.

Ao se iniciar a segunda metade do século XIX, na América, apenas três países continuavam escravocratas: EUA, Cuba e Brasil.

Em 1865, através de uma emenda na Constituição, bania-se a escravidão nos EUA. Em Cuba, a partir de 1867, os escravos foram pouco a pouco libertados. O certo é que, a partir de 1870, o único dos países ocidentais onde a escravatura perdurava, era o Brasil.

Segundo nossos melhores historiadores, a primeira voz que se levantou a favor da abolição foi a de João Severiano Maciel da Costa (depois Marquês de Queluz) que, "em 1821, publicou notável artigo em que, além da paralisação do tráfico, sugeria a supressão do instituto".

A partir de 1850, o movimento pela abolição cresceu com a organização de sociedades abolicionistas e de Lojas Maçônicas, sem a interferência de Potência.

Conforme dissemos, o Brasil foi o último país das Américas a abolir a escravatura. Se isto aconteceu não foi por falta de homens abnegados como José do Patrocínio, Luiz Gama, Joaquim Nabuco, Antônio Bento, Ubaldino do Amaral, Silva Jardim, Castro Alves, Rui Barbosa, todos Maçons.

Castellani, referindo-se ao movimento abolicionista, sobretudo na década de 80, nos diz o seguinte:

Foi quando começaram, realmente, com mais ênfase, o

> *movimento nas Lojas com a finalidade de promover a alforria de escravos e impedir que seus membros e os seus Candidatos à Iniciação Maçônica mantivessem escravos ou contribuíssem para que o tráfico negreiro não fosse estancado, enquanto as iniciativas individuais de Maçons para fugas em massa de escravos e a sua proteção, para evitar a recaptura* (*in* "A Ação Secreta da Maçonaria na Política Mundial", pág. 88).

Algumas Lojas fizeram um trabalho notável, sobretudo, promovendo a alforria de meninas.

A primeira neste trabalho foi a Loja "Perseverança" de Paranaguá/PR, que já em 1867 adotava medidas aprovando uma resolução cujo o artigo primeiro determinava que o dinheiro que sobrasse dos gastos normais da Tesouraria e da Hospitalaria seria usado para libertar mulheres escravas.

O artigo segundo da resolução, rezava o seguinte:

> *Todos os anos, no dia 23 de junho, véspera da festa de São João, a Loja reunida em Sessão Magna procederá ao sorteio das libertadas. Os nomes das agraciadas serão profanamente publicados no dia seguinte, 24 de junho.*

Em Sorocaba, 24 Obreiros da Loja "Constância" pediram o "quite" e no dia 10 de julho de 1869 fundaram a Loja "Perseverança III", com o fito único de combater a escravatura e o analfabetismo. O lema adotado pela Loja era *Liberdade* e *Educação*.

Os trabalhos da "Perseverança III" foram iniciados no dia 31 de julho, tendo como Venerável o Irmão Vicente Eufrásio da Silva Abreu.

No dia 7 de agosto, numa Sessão histórica, o Obreiro Ubaldino do Amaral Fontoura apresentou uma proposta assinada por ele, por Vicente Eufrásio e José Leite Penteado, vazada nos seguintes termos:

> *Trago, subscrita por essa presidência, por Leite Penteado e por*

mim, a seguinte proposição, que esperamos merecer a aprovação da Oficina.

1º – A joia de Iniciação será de 25$000.

2º – A mensalidade de 1$000.

3º – Colocar-se-á na Oficina uma caixa denominada de EMANCIPAÇÃO, na qual os iniciandos, a convite do Venerável e de qualquer Irmão, quando, depositarão suas ofertas.

4º – O produto dessa caixa será exclusivamente destinado à libertação de crianças do sexo feminino de 2 a 5 anos de idade.

5º – As crianças assim libertadas ficam sob a proteção da Oficina.

6º – Serão absolutamente proibidos os banquetes, ceias, copos d'água que o uso tem admitido nas Iniciações, devendo o Venerável convidar os Recipiendários para converter as quantias que despenderiam com isso em donativos à Caixa de Emancipação.

7º – Serão criadas escolas para adultos e menores. As escolas serão noturnas; mantidas pela Oficina para o ensino gratuito das primeiras letras.

Essa proposta foi aprovada por unanimidade, tendo os signatários se abstido de votar.

De acordo com o artigo 4º da proposta, todo trabalho da "Perseverança III" seria destinado à libertação de crianças do sexo feminino entre 2 e 5 anos. Por aí se vê que os intuitos dos Maçons de Sorocaba antecederam em dois anos a chamada Lei do Ventre Livre que só foi aprovada em 28 de setembro de 1871.

O artigo 6º, ao que se sabe, só foi desobedecido uma única vez, em novembro de 1870, quando da Cerimônia da Sagração do Templo. Entre as festividades programadas para festa tão importante estava um banquete comemorativo que seria oferecido aos visitantes.

Na Sessão de 24 de agosto seguinte, foi feita por Leite Penteado a proposta de que a escola de primeiras letras fosse inaugurada no dia 7 de setembro e para melhor se comemorar a data magna brasileira que fosse libertada uma escrava menor.

Ubaldino do Amaral colheu a oportunidade e fez a seguinte proposta: "*Que se tornasse obrigatória a libertação de pelo menos um escravo, todos os anos no dia 7 de setembro*".

Não sabemos se esta proposta de Ubaldino do Amaral logrou algum êxito. Sabemos, isto sim, que a escola de primeiras letras foi inaugurada a 27 de novembro do mesmo ano.

O certo é que o exemplo dos Maçons da "Perseverança,III" surtiu efeito e várias libertações foram efetuadas daí por diante por Profanos.

Vamos citar apenas um exemplo tirado da obra do historiador Rogich Vieira nos seguintes termos:

> *O jornal Diário de Sorocaba na edição de 10 de dezembro (não sabemos se o ano foi de 1869) publicou a seguinte notícia:*
>
> *O Sr. Paulino Aires do Amaral, falecido na Capital a 24 deste mês, deixou em seu testamento aberto pelo Juiz da Provedoria desta cidade, livres os seus escravos Benedito, Paulo, Odorico, Maria e Adelaide e 50$000 (cinquenta mil réis) a cada um deles.*

O PROJETO DE RUI BARBOSA

Rui Barbosa, autor de projeto em prol da libertação de escravos apresentou-o em Sessão da Loja "América", de São Paulo, da qual era membro, no dia 4 de abril de 1870. A propositura, como era do seu querer, devia ser encaminhada ao Grande Oriente dos Beneditinos, do Rio de Janeiro.

Rui Barbosa visava a conversão em lei de sua proposta e a sua obrigatoriedade para toda a Maçonaria do Brasil.

A grande verdade é que aquele projeto abolicionista não logrou nenhum êxito. Inclusive não se sabe se foi aprovado pela Oficina.

Os originais daquele documento encontram-se na Casa de Rui Barbosa, em Botafogo, no Rio de Janeiro.

Compreende-se perfeitamente as razões por que o projeto de Rui Barbosa não logrou êxito: era por demais severo. É muito longo e vamos transcrever apenas os dois ou três primeiros artigos para que o leitor observe que a coisa era a "ferro e fogo", como se diz na gíria popular.

> *Art. 1º – Sendo verdade inconcussa que a emancipação do elemento servil, e a educação popular são, hoje, as duas grandes ideias que agitam o espírito público e de que depende, essencialmente, o futuro da nação, a Maçonaria brasileira declara-se, solenemente, a manter e propalar esses dois princípios, não só pelos recursos intelectuais atinentes da imprensa, da tribuna e do ensino, como também por todos os meios materiais atinentes a apressar a realização dessas ideias entre nós.*
>
> *Art. 2º – Todas as Lojas Maçônicas instituídas no País, tanto as já existentes como as porvindouras, não poderão alcançar nem continuar a merecer o título e os direitos de Oficinas regulares sem que adotem pelo mesmo modo esses dois princípios sociais, comprometendo-se a trabalhar por eles, com eficácia e tenacidade.*
>
> *Art. 3º – Todas as Lojas Maçônicas sujeitas ao Grande Oriente Brasileiro, assim presentes como futuras ficam obrigadas a abrir, no orçamento de suas despesas, uma verba especial reservada ao alforriamento de crianças escravas.*
>
> *§ primeiro – Esta verba será proporcional à soma total da receita de cada Loja, de maneira que seja sempre um quinto da receita total.*
>
> *§ segundo – Este termo proporcional será aplicado invariavelmente a todas as Lojas.*
>
> *§ terceiro – Ficam também obrigadas, todas as Oficinas brasileiras, a empregar todos os esforços possíveis, dentro da esfera*

de seus recursos pecuniários, a fim de divulgar ativamente a educação popular, criando, nos seus competentes Vales, escolas gratuitas de ensino primário, já noturnas ou domingueiras, para adultos de todas as classes, já diurnas e diárias, para crianças de um e outro sexo.

O projeto abolicionista de Rui Barbosa se compõe de 12 artigos, todavia, é do nosso pensar que os três primeiros nos mostram por que não surtiu efeito.

O NORTE E O NORDESTE E A ABOLIÇÃO

No Norte e no Nordeste, sobretudo em Mossoró, no Amazonas e no Ceará levantam-se os Maçons dispostos a banir de seus Estados a mancha infamante.

O Município de Mossoró, no Rio Grande do Norte, foi o primeiro a abolir a escravatura em terras do Nordeste. Temos certeza do fato, infelizmente não possuímos documentação para indicar quando isto aconteceu.

O Ceará libertou seus escravos no dia 25 de março de 1884; o Amazonas fez o mesmo no dia 20 de junho daquele mesmo ano.

O movimento libertário, no Ceará, tomou corpo quando os jangadeiros, chefiados por Francisco José do Nascimento, declararam que, dali por diante, não embarcariam ou desembarcariam mais escravos.

Naquele tempo Fortaleza não tinha cais. Os navios ficavam ao largo, o mar era bravio e só os jangadeiros, com suas jangadas que não afundam, embarcavam ou desembarcavam passageiros que ali chegassem.

O jangadeiro Francisco José do Nascimento, por seu feito, passou à história com o epíteto de "Dragão do Mar" – o jangadeiro da abolição.

Diante do ato corajoso dos homens do mar, os Maçons imediatamente criaram a Sociedade Cearense Libertadora.

Três Maçons se projetaram como os grandes lutadores pela abolição: Justiniano de Serpa, João Sampaio e Martinho Rodrigues. Os três eram políticos, membros da Assembleia Provincial do Ceará.

Esses três valorosos abolicionistas tinham já conseguido a abolição em seus municípios: Aquiraz, São Francisco e Canindé.

O historiador Raimundo Girão em seu livro "A Abolição no Ceará" nos conta que

> *A Assembleia Provincial promulgou a lei de 18 de outubro de 1883. Número 35, que foi votada e aprovada pelos deputados de então e redigida por Justiniano de Serpa e Marinho Rodrigues.*

Essa lei, segundo a historiadora Judith Martinho Rodrigues, na obra "Martinho Rodrigues e a História do Brasil", diz o seguinte:

> *Ela (a Assembleia Provincial) votou leis que não só impediam a importação e exportação de escravos e também não permitiam sua introdução nos Municípios já libertos.*

Depois de muita luta, com enfrentamento dos escravocratas, no dia 25 de março de 1884, em praça pública, diante de enorme multidão, o Governador Sátiro Reis declarava livre da escravidão o solo cearense.

No Amazonas a libertação foi declarada no dia 20 de junho de 1884, depois de trabalho insano da "Sociedade Emancipadora do Amazonas" que era comandada pelos Maçons Bento de Figueiredo Aranha, José Miranda Leão e Elísio de Castro Fonseca.

Ainda em 1884. Três municípios gaúchos varriam de seu solo a sujeira da escravidão.

Sobreleva notar aqui que a grande figura que cristalizaria o movimento antiescravista, seria o Maçom Joaquim Nabuco. A "Sociedade Brasileira contra a Escravidão", fundada por ele e presidida pelo negro André Rebouças e que abrigava em seu seio dezenas e dezenas de Maçons, punha à mostra toda uma gama de argumentos humanitários e morais, numa pregação constante, através da palavra escrita e da palavra oral, procurando desnudar diante dos olhos do povo brasileiro a iniquidade em que se constituía a escravidão, analisada pelo aspecto humano.

Os Maçons não desanimam diante da oposição de uma minoria escravista e a 28 de setembro de 1885 veem aprovada a Lei 3270 que emancipava os escravos maiores de sessenta anos.

A bem da verdade é bom se diga que:

> *O processo da emancipação do homem negro, no Brasil, foi lento e trabalhoso sobretudo porque a estrutura da sociedade brasileira se erguia sobre alicerces ultrapassados, o que acarretava dificuldades sem conta ao funcionamento econômico do país com relação ao econômico-social externo.*

A sociedade brasileira era dominada por uma minoria que defendia por todos os meios ao seu alcance o direito de manter privilégios, nos mais das vezes escusos.

O que se via era uma sociedade rígida, dominada pelos donos de propriedades fundiárias, que durante séculos não deram oportunidade para que houvesse uma melhor distribuição da riqueza nacional, cujos reflexos se projetam até nossos dias.

Dentro de um contexto especificamente colonial, os escravos eram objetos de propriedade privada, meros instrumentos de produção.

Mas, finalmente, a Princesa Imperial Regente assinou o decreto que abolia a escravidão no Brasil. O documento estava assim redigido:

> *A Princesa Imperial Regente em nome de S. M. o Imperador o Sr. Pedro II faz saber a todos os súditos do Império que a assembleia geral decretou e ela sancionou a lei seguinte:*

Art. 1º – É declarada extinta desde a data desta lei a escravidão no Brasil.

Art. 2º – Revogam-se as disposições ao contrário.

Manda, portanto, a todas as autoridades a quem o conhecimento e execução da referida lei pertencerem que a cumpram e façam cumprir e guardar tão inteiramente como nela se contém.

O Secretário de Estado de Negócios da Agricultura, Comércio e Obras Públicas e Interino de Negócios Estrangeiros, Bacharel Rodrigo Augusto da Silva, do Conselho de S. M. o Imperador, a faça imprimir, publicar e correr.

Dado no palácio do Rio de Janeiro, em 13 de maio de 1888, 67º da independência e do império.

Izabel

PRINCESA IMPERIAL REGENTE

∴

Para terminar, citemos novamente o historiador Frederico Guilherme Costa que, às páginas 91, da obra por nós consultada e já anteriormente citada:

> *Infelizmente permanece uma questão fundamental: Teria o 13 de maio servido aos interesses dos escravos? A Lei Áurea representou uma libertação ou uma marginalização com funestas consequências para o negro e seus descendentes.*
>
> *Cremos que, caso tivesse sido seguida a 3ª medida proposta pelo Maçom Condorcet, EMANCIPAÇÃO GRADUAL DOS ESCRAVOS ATUAIS, o problema servil podia ter sido melhor resolvido, de maneira racional, dentro dos pressupostos defendidos pela ilustração.*

∴

BIBLIOGRAFIA

Para a feitura desse Trabalho, nós nos socorremos de obras de excelentes historiadores e memorialistas da Ordem:

CAMINO, Rizzardo da. *Introdução à Maçonaria.* Rio de Janeiro: "Aurora", 1972, 2º v.

CASTELLANI, José. *Ação Secreta da Maçonaria na Política Mundial.* Londrina: "A TROLHA", 2001.

_____. Do *Pó dos Arquivos II.* Londrina: "A TROLHA", 1996.

_____. *Os Maçons que Fizeram a História do Brasil.* São Paulo: A Gazeta Maçônica, 1973.

COSTA, Frederico Guilherme. *Breves Ensaios sobre a História da Maçonaria Brasileira.* Londrina: "A TROLHA", 1993.

RODRIGUES, Judith Martinho. *Martinho Rodrigues e a História do Brasil.* São Paulo: "Cupolo", s/d.

SANTOS, José Antônio dos. *13 de Maio.* Coletânea nº 1. Londrina: "A TROLHA", 1993.

VIEIRA, Rogick. *Sorocaba não Esperou o 13 de Maio.* Sorocaba: PJA – Fundação Ubaldino do Amaral, 1988.

Os Segredos da Maçonaria

A Maçonaria não é uma sociedade secreta. Ela já foi uma sociedade clandestina naqueles países em que sofreu duras perseguições, como durante a Inquisição e nos Estados fascistas e comunistas.

Como poderia ser ela uma sociedade secreta se as Potências e suas Lojas estão inscritas em cartórios; como poderia ser uma sociedade secreta se seus locais de reunião estão por toda parte tanto nas grandes cidades como nas pequenas?

Costuma-se dizer que a Maçonaria é uma sociedade discreta, como discretas são todas as sociedades, todas as empresas, pequenas ou grandes, todas têm seus segredos de organização.

Francisco Espinar Lafuente, na obra *Esquema Filosófico de la Masonería*, diz, em tradução nossa, o seguinte:

> *A Maçonaria tem um segredo básico e tem também alguns segredos meramente organizacionais.*

Ele aponta como segredo básico algo que nos faz pensar. Afirma que o segredo básico é o segredo do simbolismo, ou melhor, o reflexo que o simbolismo põe na consciência de cada Maçom. E afirma que isto é algo radicalmente incomunicável.

Para falar a verdade, não entendemos bem o que Lafuente quer dizer. Em todo caso é um escritor que merece fé, aí fica a sua opinião sobre o assunto.

Contudo nada nos custa raciocinar. Diríamos que esse tal de segredo básico constitui o uso dos Símbolos, lendas e alegorias, uma vez que a doutrina maçônica nos é ensinada através desses Símbolos, das lendas e das alegorias. Isto impede que a doutrina da Ordem seja modificada, além do que só os Iniciados podem auferir os lucros que a ensinança maçônica pode imprimir-lhes na alma.

Lá na frente, na mesma obra, Lafuente afirma o seguinte:

> *Como disse um autor, a Maçonaria fala por meio do Simbolismo que é a voz do silêncio. Por isto se diz que a Maçonaria é uma sociedade íntima.*

O fito deste arrazoado é chamar a atenção de nossos Irmãos para alguns pontos desse segredo organizacional a que se refere Lafuente e que nem sempre é encarado com a devida seriedade.

Apesar de uma vez ou outra, em solenidades especiais, as Lojas funcionarem sem que o Templo esteja coberto, isto é, qualquer pessoa, seja Maçom ou Profano, pode assistir e até mesmo participar de tais solenidades. Contudo, as verdadeiras Reuniões Maçônicas (as Lojas) só podem funcionar com o Templo Coberto.

É claro que essas reuniões, pode-se dizer, são secretas uma vez que até mesmo o Maçom de Grau inferior em que a reunião acontece não pode dela participar.

Existe também o segredo das deliberações tomadas em Loja que não podem ser divulgadas, sendo terminantemente proibido levá-las ao conhecimento de Maçons da própria Loja que não estavam presentes à Sessão. Aqui é que temos verificado a não obediência praticada por alguns Irmãos. Não se pode contar nada, absolutamente nada do que ocorreu em Loja, nem mesmo à Autoridade máxima, ou seja, ao Grão-Mestre da Obediência, ressalvadas, naturalmente, faltas graves que precisem de correção ou até mesmo de punição.

Existe também a proibição de divulgação dos Ritos, isto é, a maneira como funcionam as Lojas neste ou naquele Rito. A liturgia merece uma atenção toda especial. (Liturgia do gr. *Leitourgia* – é o conjunto de todos os atos que compõem uma cerimônia normalmente religiosa, a palavra é também usada pela Maçonaria.) É expressamente proibida a divulgação de juramentos ou promessas feitas em Loja.

É muito comum, sobretudo em cidades do interior, a existência de Irmãos que não aceitam que o Maçom ponha em seu carro alguma coisa que o identifique como pertencente à Ordem. Não comungamos com esse tipo de proibição. Para nós quanto mais nos fizermos conhecidos, mais a Maçonaria será respeitada. Todavia reconhecemos que o Irmão pode ser discriminado dentro da empresa em que trabalha ou em sua carreira política.

Não desconhecemos que muitas das calúnias inventadas por Leo Taxil ainda hoje correm mundo, prejudicando os Maçons em todos os sentidos.

Nós, os Maçons, sabemos o que é a Maçonaria; sabemos o que ela quer de nós; sabemos do respeito que ela devota a Deus, o Grande Arquiteto do Universo; sabemos de sua posição com respeito a nossas famílias.

Dito isto, nada mais nos resta que sentirmos orgulho de sermos Maçons.

Inteligência – Lógica – Ideia

A consciência e a inteligência, unidas, são os fiéis auxiliares que nos iluminam para que a paixão não extravie a consciência, nem o sofisma cegue a inteligência. A inteligência dá-nos a faculdade de discorrer e raciocinar e, ao lado da razão, é o regulador que nos habilita a conhecer elementos construtores da verdade. (Luiz da Silva Muzi)

Qual a definição de inteligência?

Como todo e qualquer abstrato é muito difícil chegar-se à conclusão do que seja Inteligência. Esses dois termos normalmente são estudados através da psicologia. Contudo, a psicologia não define inteligência, apenas procura explicar quais sejam as suas funções, dizendo que a inteligência é aquela faculdade mental própria do homem, capaz de selecionar aquilo que os sentidos recebem e capaz de perceber as relações existentes entre os dados recebidos e através desse processo, juntando o que está armazenado na memória, e fazendo seleção, tomar decisões que o processo exige.

Na terceira lição do Ritual de Aprendiz, na fala do Primeiro Vigilante é dito que o Ente Supremo dotou o homem de inteligência que faz com que ele possa discernir o Bem do Mal. Em seguida, o Venerável Mestre pergunta se a inteligência independe da organização física do homem. O Primeiro Vigilante confessa que ignora.

Sobre a pergunta feita pelo Venerável Mestre, o que se pode responder é que existem suspeitas que sim, uma vez que para o bom funcionamento da inteligência é necessário que o cérebro esteja funcionando perfeitamente. Mas aí surge outra pergunta: mas a inteligência não tem a ver com o espírito?

Porventura não existe o estado negativo da Inteligência? O que se pode dizer quando existe completa ignorância de todo o conhecimento?

É claro que a ignorância pode ser total ou parcial. Em sendo total, ela é absoluta. Se for parcial, ela é relativa.

Às vezes a inteligência é incapaz de afirmar ou negar alguma coisa; neste caso estamos diante daquilo que denominamos dúvida. O contrário da dúvida é a certeza que consiste na adesão da inteligência à verdade, sem nenhum receio de engano.

Voltemos a uma filosofia mais simples. Dissemos que inteligência não tem definição; sabe-se, através da psicologia, quais são as suas funções, contudo podemos oferecer uma explicação mais completa, dizendo que a inteligência é quem ordena o pensamento, através da elaboração das ideias, dos juízos e do raciocínio. Julgamos que podemos ter uma ideia exata do que seja pensar. Ao cabo de contas sabemos que a inteligência é o motor do pensamento.

Se quiserem algo um pouco mais difícil, repetiremos o que a psicologia afirma. Ela ensina que se quisermos definir aquilo que não tem definição é só afirmar que através da Inteligência o ser humano pode reagir ou ajustar suas reações às realidades mutáveis do mundo que nos cerca.

Nesta altura, faremos rápidas considerações sobre razão, não nos alongando, uma vez que em outro estudo, neste livro, trataremos do assunto.

A psicologia informa que razão é o conjunto de noções, juízos e verdades que se encontram no início de todos os conhecimentos adquiridos pelo homem.

É através da razão que se chega às noções primeiras de ser, de causa, de substância e de fim.

É aí que o estudo se volta para o conhecimento das leis universais de identidade, princípio de não contradição e o princípio de terceiro excluído, conforme nos ensina Aristóteles.

Aristóteles nos chama atenção também que é necessário se leve também em consideração o **princípio da razão suficiente**, o que resulta em três outros princípios: **princípio da causalidade** – tudo que começa a ser tem uma causa; **princípio de substância** – todo fenômeno supõe um sujeito no qual ele está inserido; **princípio de finalidade** – todo ser age tendo em vista um fim.

Esses princípios são absolutamente necessários, uma vez que é impossível a formação do pensamento sem a presença deles. Sem utilizá-los, estaria presente a negação do próprio pensamento. Sem eles, ou melhor, a violação deles é o mesmo que não pensar, uma vez que as ideias não teriam coerência e o resultado seria o conjunto de palavras sem nexo.

LÓGICA
(IDEIA – JUÍZO – RACIOCÍNIO)

A definição de lógica significa circunscrever exatamente a compreensão de um objeto ou, simplesmente, significa dizer o que é uma coisa.

São três as operações intelectuais da inteligência: ideia, juízo e raciocínio.

Ideia é a simples representação intelectual de um sujeito. Em filosofia se diz que o termo é a expressão verbal de uma ideia. A ideia possui vários elementos, os dois mais importantes são: compreensão e extensão.

Dá-se o nome de compreensão ao conjunto de elementos que formam a ideia, isto é, o seu conteúdo.

Extensão é o conjunto de sujeitos a que ideia convém. Exemplo: ametista, rubi e topázio são pedras preciosas; esses elementos assim considerados fazem parte da extensão, uma vez que temos aí um conjunto de sujeitos que a ideia convém.

Considerando as propriedades das pedras preciosas e sabendo para que servem, temos a compreensão do termo pedras preciosas.

A filósofa Creusa Polinski nos dá uma excelente explicação sobre a relação mútua entre compreensão e extensão das ideias. Vejamos o que ela diz:

> *A compreensão de uma ideia está na razão inversa da extensão. Assim é que a ideia de ser é mais rica em extensão e mais pobre em compreensão. Contrariamente a ideia de João é mais pobre em extensão e rica em compreensão* (Filosofia, 2ª edição, 16).

A ideia constituída por um só elemento é simples. Por exemplo, a ideia de pessoa: João da Silva. É composta quando constituída por mais de um elemento: João da Silva é um homem alto.

A ideia é individual quando se aplica a um só elemento: João da Silva, aquele menino, este caderno, etc..

A ideia é particular quando se aplica de modo indeterminado somente a uma espécie. Geralmente é identificada pelos indefinidos algum ou nenhum: alguns rapazes, nenhum rapaz.

Juízo é o uso da inteligência através da qual se afirma ou se nega alguma coisa. O juízo se constitui de dois elementos:

1 – Um sujeito de quem se afirma alguma coisa.

2 – Um predicado através do qual se afirma ou nega alguma coisa com relação ao sujeito.

Exemplos:

1 – Pedro é estudioso.

2 – Pedro não é estudioso.

Raciocínio é uma operação intelectual através da qual, partindo-se de duas ou mais relações já conhecidas, chamadas premissa, conclui-se outra relação decorrente das outras duas, obtendo-se assim a conclusão.

Daí por que é absolutamente correto dizer que raciocinar é formular uma conclusão através de um relacionamento de juízos.

Exemplo: Todos os homens são dotados de inteligência. Ora, Sócrates é homem, logo, Sócrates é inteligente.

Da Oratória Maçônica

Para que uma Oficina possa funcionar é necessário que seja governada pelo Triângulo formado pelo Venerável Mestre, Primeiro e Segundo Vigilantes.

Contudo, além da Luzes, para que a Loja possa estabelecer trabalho é necessária a presença de uma quarta figura que recebe o nome de Orador.

O Orador exerce um cargo da mais alta relevância. Não se deve e não se pode dizer que o Orador é tido como o Guarda da Lei. Ele não é tido, ele é por força regulamentar o Guarda de Lei.

Excetuando o Venerável Mestre, não existe na Loja cargo algum com tantas obrigações como as que são atribuídas à Quarta Dignidade. Esse cargo é de existência obrigatória nos Ritos Escocês, Moderno e Adonhiramita.

Como Guarda da Lei, ele exerce, ao mesmo tempo, os cargos de Juiz e de representante do Ministério Público Maçônico.

Qualquer proposta que precise ser votada, tem que passar primeiro pelas conclusões legais do Orador. Deve ele conhecer bem a legislação maçônica uma vez que é quem deve dirimir dúvidas em torno de textos legais.

Como Guarda da Lei, cabe-lhe defender a legislação maçônica, bem como aplicá-la sempre que houver necessidade.

O Orador, em Loja, é o único que pode chamar a atenção do Venerável Mestre, se este cometer alguma irregularidade.

Conforme já dissemos e vamos repetir, nenhuma votação será levada a cabo sem as conclusões do Orador. Sem dúvida alguma a Quarta Dignidade é quem dispõe dos maiores poderes quando a Oficina estiver aberta em Sessão de Loja.

Conforme estabelece o Rito Escocês Antigo e Aceito, ao Orador compete verificar o Tronco de Beneficência. Não sabemos por que, e a nós não compete nenhuma verificação para saber por que esse ato é sempre entregue ao Tesoureiro.

Por lei, cabe ao Orador usar da palavra em alusão aos atos solenes realizados na Loja. Só a ele compete saudar autoridades e visitantes. Também aí são cometidos erros sobre erros uma vez que outros membros da Loja costumam fazer saudações já feitas por quem de direito.

Se cabe ao Orador a obrigação de usar da palavra em determinados momentos, sobretudo em Sessões Magnas, a escolha para o cargo deve incidir sobre Irmão de reconhecida competência para desincumbir-se do cargo.

Como diretor e professor de retórica, cargos ocupados por nós durante anos no Instituto "Docta Vox", em São Paulo, pretendemos, com o fito de aumentar o conhecimento dos possíveis Oradores das Lojas sobre o assunto, historiar como teve início o interesse pela oratória, extraordinária arma de apontar verdades, de ensinamento e convencimento para o aumento cultural dos grupos e até mesmo dos povos.

A arte de bem falar, se fundamenta em princípios e regras básicas, estruturando conhecimentos novos que recebeu o nome de retórica, teve seu início na Sicília, no século V a. C., através de um filósofo chamado Córax, nascido em Siracusa.

Córax estabeleceu regras visando à melhora da comunicação

oral e teve como discípulo e continuador das suas ideias o filósofo de nome Tísias.

É bom se diga que a arte de falar desenvolveu-se em Atenas, alcançando ali os mais Altos Graus. Este desenvolvimento se deu, sobretudo com o trabalho dos sofistas, que procuravam atingir a perfeição, estudando e praticando a oratória, mormente quando a oportunidade lhes surgia pela frente nos tribunais do povo.

Alguns deles passaram à história como excelentes oradores. Podemos apontar entre os melhores Górgias, Isócrates e Anaxímenes de Lampsaco. A esse último, juntamos-lhe o local de nascimento para que não seja confundido com Anaxímenes de Mileto, que viveu séculos antes, sendo considerado ao lado de seu mestre Tales de Mileto e de seu codiscípulo Anaximandro de Mileto, um dos primeiros filósofos de que se tem conhecimento.

Apesar do trabalho iniciado por Córax, não se pode olvidar que o estudo da retórica em bases muito bem formuladas tem o seu início com Aristóteles, o primeiro a escrever obra de fôlego sobre o assunto.

A obra de Aristóteles e que chegou até nós intitula-se "Arte Retórica" e está dividida em três livros.

O Estagirita, apesar de não ter sido orador, foi o primeiro, depois do trabalho inicial de Córax, a escrever sobre o tema visando o aperfeiçoamento daqueles que se dedicavam a falar em público. O que nos deixa admirado é que Aristóteles não escreveu apenas para os que falam, pois a obra é também dirigida ao ouvinte e ao entendimento da mensagem.

A "Arte Retórica" está dividida em três livros: Livro I, contendo quinze capítulos destinados ao orador, que o autor capitula como transmissor; Livro II, vinte e seis capítulos destinados ao receptor e o Livro III que contém dezenove capítulos destinados à compreensão da mensagem.

O leitor já deve ter percebido o nosso intuito principal que é passar alguma coisa sobre a Arte de Falar aos Maçons em geral, de vez que não é só o Orador que usa a palavra em Loja. É preciso enfatizar que é bom ouvir-se quem fala bem.

Uma coisa muito comum e que nos aborrece é estarmos em Loja e, muitas vezes, não entendermos o que dizem certos Irmãos, que nos dão a impressão de falarem para eles mesmos. Consideramos isto erro grave e que merece ser corrigido.

Deve-se falar naquele tom de voz que possa ser ouvida por todos os presentes, articulando-se bem as sílabas, evitando aborrecer os pobres ouvidos, muitas vezes interessados em saber o que é que o fulano está dizendo.

Secretário que fala baixo, que lê mal, pode até ser que escreva razoavelmente, não deveria exercer aquele cargo.

Mas voltemos ao campo da oratória. Pelo mundo tem aparecido muitos homens dedicados à arte de bem falar. A Grécia teve Demóstenes como seu maior orador e Roma foi o berço do maior orador latino, Cícero.

A língua portuguesa tem tido oradores da maior envergadura como, por exemplo, o padre Antônio Vieira. No Brasil, para só falar no passado, além de Rui Barbosa, podemos apontar Dom Aquino Correia, Farias Brito, Joaquim Nabuco e dezenas de outros que se dedicaram à arte de bem falar.

Voltemos ao passado. Cícero, além de excelente orador também deixou ótimos ensinamentos de retórica através da obra *De Oratore* dividida em três livros.

Uma obra de grande valor didático para o estudo da Retórica foi escrita por Quintiliano, orador notável, nascido na Espanha, mas que, ainda jovem, foi para Roma com o intuito de estudar a fim de se tornar um bom orador. Além de ter conseguido o que desejava, enriqueceu a retórica com a melhor obra que se conhece intitulada "Instituições Oratórias", composta de doze livros, nos quais reuniu ali todo o conhecimento desenvolvido pelos grandes oradores que o precederam.

Algumas Observações sobre o Ser em Si

A preocupação gradual do Grau de Companheiro é o conhecimento do NÃO SER e do NÃO EU, importando, portanto, a sociedade em geral com todos os seus integrantes, daí a luta constante que o Maçom deve manter para acabar com as barreiras da opressão e da injustiça (José Castellani, *in* "Cartilha do Companheiro", 4ª edição, pág. 28).

Um dos mais importantes fundamentos incorporados ao Grau de Companheiro, em nosso ponto de vista, é o agir, é a continuidade, sem lapsos, da ação, daí por que a dualidade do SER e do NÃO SER obriga o Companheiro (bem como aos Maçons em geral) a usar constantemente a meditação, o pensar, buscando compreender os segredos embutidos na maneira de encarar o SER. O problema do *ser* toma novos rumos com o filósofo Parmênides de Eleia. Parmênides descobre que, pela filosofia de Heráclito, se poderia concluir que o *ser* e o *não ser* seriam a mesma coisa. Raciocina que isso não pode ser. Partindo de uma indagação – como é possível que o que é não seja, e o que não é, seja? – chegou à conclusão que o *ser* é, e o *não ser*, não é.

Diga-se de passagem, que o estudo de Parmênides sobre o *ser* influenciou todos os grandes filósofos gregos e essa influência atingiu também os grandes pensadores da Idade Média.

A filosofia se ocupa integralmente do SER. Os filósofos chegaram à conclusão de que nada existe com a importância do ser, daí a razão do surgimento da ONTOLOGIA, um dos galhos mais importantes da árvore filosófica.

Os pré-socráticos, a partir de Anaximandro de Mileto, discípulo de Tales, na busca do princípio único da realidade debruçou-se sobre o problema do SER. O elemento primordial para Tales era a água. Discordando do Mestre, Anaximandro foi o primeiro filósofo a refletir sobre um princípio único e imperceptível que denominou de **ápeiron.**

E a busca continuou, chegando às **homeomerias** de Anaxágoras de Clazômenas, ao **objeto mental** de Parmênides de Eleia, ao **logos** de Heráclito de Éfeso, aos **átomos** de Leucipo de Mileto e Demócrito de Abdera, até desembocar na **realidade ideal** de Platão.

Aliás, Platão estuda o problema do ser em todos os seus aspectos, chegando, muitas vezes, a confundir o espírito do pesquisador.

Estamos, assim, diante de um estudo fascinante. Estudo que evoluiu de tal maneia até formar a mais frondosa de todas as árvores entre as que formam a floresta imensa do conhecimento humano.

O Companheiro deve estar atento aos vários significados da palavra **ser** que, no singular pode indicar uma coisa, uma pessoa, e indica também o **Ser Eterno e Onipotente, DEUS.** No plural – seres – indica tudo o que existe.

Assim, surgiu aquela parte da metafísica que pensa, que reflexiona sobre os seres em geral: a ontologia.

Voltemos a Anaximandro que, conforme dissemos, teve a primeira visão do ser, talvez por intuição, quando afirma que o *ápeiron*, substância formadora de todas as coisas, era algo incriado e imperecível.

Pode-se perfeitamente intuir que, se alguma coisa é incriada, é porque não se originou de nenhuma outra substância; se é imperecível, é porque é eterna, não terá fim. Essa maneira de raciocinar de Anaximandro leva-nos a crer que ele teve a intuição do SER infinito, de um DEUS único.

É de ver-se que os primeiros filósofos saem de uma época em que predominava a imaginação. Por ela foram criadas dezenas de deuses. O filósofo põe de lado a imaginação e passa a usar o pensamento. Não se pode ignorar que o problema do ser esbarra no problema do pensar, uma vez que não é possível ir em busca do ser sem o auxílio do pensamento. Daí por que se pode afirmar que o pensamento é o caminho que nos leva ao conhecimento do ser. Aliás, a glória maior do homem é a sua faculdade de pensar.

A filosofia nos ensina que aquele que pensa, aquele que se habitua à arte de pensar, esse aprende a conhecer, aprende a discernir, aprende a falar. A linguagem do pensar é a linguagem do conhecimento.

E foi usando o pensamento que já os primeiros filósofos tiveram a noção exata de que havia um Ser superior, um Ser maior, um Ser legítimo, muito superior aos seres criados pela imaginação do homem.

Talvez alertado pelas conclusões a que chegara Anaximandro, Xenófanes de Cólofon foi o primeiro filósofo a se posicionar contra o conhecimento elaborado pelas estruturas míticas, tendo sido também o primeiro a investir contra os deuses gregos, assinalando que esses deuses não passavam de fantasias, frutos da imaginação e elaborados à imagem de quem os concebera.

Em um dos fragmentos que chegaram até nós, ele diz o seguinte:

> *Quanto há de vergonhoso e censurável, tudo isso atribuíram aos deuses Homero e Hesíodo: roubos, adultérios, mentiras.*

Xenófanes não se conforma com a existência das divindades idealizadas e investe direta e impiedosamente contra elas. Vejamos o que ele nos diz nos fragmentos 14 e 15:

> *14 – Julgam os mortais que os deuses foram gerados, que têm os trajes deles e a mesma voz e corpo.*
>
> *15 – Porém se os bois, os cavalos e os leões tivessem mãos ou pudessem pintar ou esculpir como os homens, os cavalos desenhariam imagens equinas dos deuses, e os bois, bovinas e pintariam a forma e o corpo dos deuses como eles o têm, de modo que cada espécie teria o seu aspecto físico.*

No fragmento 23, o filósofo deixou escrito isto:

> *Um só Deus, dentre deuses e homens o maior, que não é semelhante aos mortais de corpo e de espírito.*

A declaração é clara e incisiva: o Deus de Xenófanes é superior aos homens e aos deuses imaginados pelos homens.

Foi estudando o ser que Xenófanes chegou à conclusão da existência de Deus. Tanto isso é verdade, que a Escola onde os filósofos estudam o ser como matéria primeira e mais importante é a Escola Eleática, fundada por ele e cuja maior figura é Parmênides de Eleia.

Vamos encerrar este rápido estudo sobre o "ser em si" com a opinião do grande teólogo e filósofo William of Ockam:

> *A causa, porém, pela qual os santos e os outros dizem que Deus é o próprio Ser, reside em que Deus é de tal maneira Ser, que não pode deixar de ser e até é existência necessária, não sendo por nenhum outro. A criatura, entretanto, é ser de tal modo que não é ser necessário, da mesma forma como não necessariamente uma coisa. Por isso não diferem em Deus aquilo que é –* ***quod est*** *– e aquilo pelo que é –* ***quo est*** *– porque aquilo pelo que Deus é não difere do próprio Deus. Na criatura, porém, diferem, porque nela não são simplesmente distintos aquilo que é e aquilo*

pelo que é, como são diferentes Deus e a criatura (*Summa totius logicae,* III, II, cap. 27).

Portanto, nunca é demais repetir: o pensamento é o caminho que nos leva ao conhecimento do Ser.

Uma das maravilhas da ensinança maçônica é que ela nos adverte que é necessário pensar.

Será que alguém poderia fazer a exegese de um símbolo sem o uso do pensamento?

Como seria possível interpretar o pensamento de Parmênides de Eleia quando ele lança o enigma de – *o ser* é, *não ser* não é?

Este é o grande desafio que essa coisa fascinante, chamada filosofia, lança a todos nós Maçons!

As Cruzadas

Se os leitores compulsarem os meus livros verão que nada escrevi sobre as Cruzadas. Partimos do princípio que fatos históricos devem ser tratados por historiadores. Todavia, nada impede que um escritor que não tenha a pretensão de ser historiador, não possa tratar de assuntos históricos. Para tanto, deve dedicar-se à pesquisa, consultando obras de historiadores e de memorialistas que mereçam fé.

De tanto ouvir falar, de tanto ler que as Cruzadas tinham a ver com a Maçonaria Operativa, resolvemos verificar onde estava escondida a verdade dessa afirmativa. E chegamos à conclusão de que os nobres das Cruzadas nada têm a ver com as organizações de construtores.

Senão vejamos: a primeira Cruzada surgiu no século XI (1096) e a última, aconteceu no século XIII (1249). O documento mais antigo da Maçonaria Operativa, o Poema Régio, é dos fins do século XIV (1390).

O que se sabe acerca dos Cruzados é que eles nada tinham a ver com a arte de construir; a sua arte era aquela da guerra, ou se quiserem, exagerando um pouco, a arte de matar.

Ao fim de tudo, já podemos afirmar que aquilo que era do

nosso pensar, agora podemos concluir com absoluta certeza: as Cruzadas nada tiveram a ver com a Maçonaria de Ofício. Para nós, quem afirmar o contrário está inventando e, em termos de Maçonaria, inventar não fica bem a um Maçom que se preza.

É exatamente para prestar um culto à verdade histórica que vamos passar aos nossos leitores o que pudemos descobrir sobre as Cruzadas.

As Cruzadas foram expedições militares, organizadas pelos cristãos da Europa Ocidental com a finalidade de libertar os Lugares Santos do domínio muçulmano.

No entanto, conforme veremos, nem sempre prevaleceu o aspecto religioso que era relegado a um segundo plano e substituído por conquistas territoriais, para fins comerciais, fora outros objetivos que não os religiosos.

André Miguel de Ramsay, em discurso escrito em 1737, que não teve a satisfação de pronunciá-lo, por proibição do Cardeal Fleury, ministro de Luís XV, e foi publicado no ano seguinte fora da França procura exaltar a Maçonaria, fazendo crer que ela era ligada aos nobres das Cruzadas.

Nesse discurso, Ramsay, que era Maçom, Iniciado na Loja "Horn" no dia 10 de março de 1730, escreveu o seguinte:

> *Nossos antepassados, os Cruzados, juntando todas as facções da cristandade na Terra Santa, quiseram reunir numa só fraternidade os súditos de todas as nações.*

Mais adiante, Ramsay enfatiza:

> *Como uma filosofia triste, selvagem e misantrópica, desvia o homem da virtude. Nossos ancestrais, os Cruzados, quiseram torná-la amável pelos atrativos dos prazeres inocentes, duma diversão pura, duma alegria razoável.*

Bastou as afirmações de Ramsay, chamando os Cruzados de "nossos antepassados", "nossos ancestrais", para que logo aparecessem pseudo-historiadores para ligarem os nobres cruzados aos nobres aceitos da Maçonaria Operativa. Ocorre que os Cruzados existiram do século XI ao século XIII (1096 a 1291), enquanto que os nobres começaram a ser aceitos na Maçonaria de Ofício a partir do século XVII.

O **primeiro** nobre a ser aceito foi John Boswell, recebido na Loja de Edimburgo a 8 de junho de 1600.

A aceitação de John Boswell consta da ata da Loja que o aceitou.

O segundo nobre a ser aceito, pela mesma Loja de Edimburgo, foi Sir Robert Moray, Tenente-General do exército da Escócia, em 2 de maio de 1641.

Por aí se vê que não se pode pensar em nobres das Cruzadas com ligações com os nobres aceitos pela Maçonaria Escocesa.

Como teria surgido o nome "cruzadas"? A armadura dos Cavaleiros trazia, pintada em vermelho, uma cruz. Essa cruz aparecia também nos estandartes e nas roupas de outros membros. A cruz fora escolhida como símbolo daqueles que iam lutar pela fé. Foi assim que surgiram os vocábulos "cruzados", "cruzadas".

É bom observar que o termo "cruzada", além de significar as expedições militares, razão deste estudo, significa também em português, o trabalho em prol de uma ideia humanitária.

PRIMEIRA CRUZADA

A primeira Cruzada teve seu início em 1096, extinguindo-se em 1099, isto é, três anos depois. Esta primeira Cruzada foi formada por importantes senhores feudais da Europa ocidental, alguns nobres da França e da Península itálica, como Godofredo de Bouillon, conde Raimundo de Tolosa, o duque de Lorena e várias outras personalidades da época.

Foi uma Cruzada plenamente vitoriosa, pois viu alcançados

os seus objetivos: conquista da Ásia Menor para o Império Bizantino e a libertação da Terra Santa do domínio muçulmano.

Tudo fora cuidadosamente preparado. O lugar de encontro dos vários exércitos que compunham a expedição seria Constantinopla.

O primeiro exército a chegar ao lugar combinado foi o comandado por Hugo de Maisné, parente do rei da França. Depois, chegou o exército do duque de Lorena; em seguida, Godofredo de Bouillon e seus dois irmãos Balduíno e Eustáquio de Bolonha. Por fim, vindo do Sul da Itália, chegou o exército de Belmondo de Tarento e seu sobrinho Tancredo.

Assim, um depois dos outros, foram reunindo-se e de Constantinopla foram para Niceia. Sitiaram essa cidade durante pouco mais de sete semanas e a conquistaram.

Depois da conquista de Niceia, partiram para a conquista de Antioquia, o que conseguiram após mais de seis meses de sítio.

Depois de alguns combates em vários lugares por onde passaram, chegaram a Jerusalém a 17 de junho de 1099. Após sitiarem a cidade por cinco semanas, conseguiram tomar as muralhas e depois de terrível batalha derrotaram os muçulmanos. Jerusalém estava, enfim, libertada. A Cruzada cumprira seu principal ideário.

SEGUNDA CRUZADA

A segunda Cruzada foi formada 40 anos depois da primeira. A sua duração foi de dois anos (1147 a 1149).

O que motivou a formação da segunda Cruzada foi a tomada de Edessa em 1144 pelos muçulmanos.

Essa Cruzada foi formada por tropas do rei da França e pelas tropas do imperador da Alemanha. O que a ocasionou?

Com a tomada do Condado de Edessa o pânico tomou conta dos Estados cristãos, que temiam ser atacados também pelos infiéis que já se encontravam ao largo de suas fronteiras. O papa Eugênio III, atendendo ao apelo dos cristãos que lhe pediam ajuda, convocou o frade Bernardo de Claraval para que trabalhasse, visando à formação de uma expedição para, se fosse o caso, defender os Estados cristãos.

Claraval, obediente às ordens do mandatário supremo da Igreja, pôs-se a trabalhar visando à formação de uma nova Cruzada. De imediato, ele conseguiu o apoio de Luís VII rei da França e do imperador Conrado II, da Alemanha.

A verdade é que o rei da França e o imperador da Alemanha não se davam, razão por que partiram, cada um a seu tempo, rumo a Constantinopla. O primeiro foi o exército do imperador Conrado que cruzou o Estreito de Bósforo e caminhou rumo à Terra Santa. Nos arredores de Dorileu, o exército alemão enfrentou o exército turco e foi fragorosamente derrotado.

De volta a Constantinopla, Conrado e os sobreviventes de suas tropas encontraram o rei francês, que ficou sabendo que os alemães haviam sofrido terríveis danos que lhes foram impostos pelos turcos.

Diante do desastre sofrido, resolveram unir-se e partiram com intuitos de invadir Damasco. Com menos de uma semana de luta os cristãos se viram derrotados e, mais que depressa, retornaram à Europa.

TERCEIRA CRUZADA

Saladino, sultão do Egito, com um poderoso exército capturou Tiberíades e sitiou seu castelo. Diante desse fato, os cristãos formaram um poderoso exército e marcharam dispostos a libertar Tiberíades.

Saladino ficou sabendo das intenções do poderoso exército que vinha ao seu encontro com intuito de derrotá-lo e libertar Tiberíades.

Pelo sim, pelo não, Saladino tomou suas providências com o fito de não colocar suas tropas em perigo. Deslocou seus homens para Hattin e acampou perto de uma colina e providenciou para que a notícia chegasse ao conhecimento dos cristãos. A manobra de Saladino deixou o exército cristão do outro lado com uma larga faixa de deserto para atravessar. Ali não havia oásis, o que tornava a travessia muito difícil, sobretudo para quem não estava habituado a enfrentar tal situação. Os cristãos se embrenharam deserto adentro e quando alcançaram o outro lado, bem em frente às tropas de Saladino, estavam sedentos e exaustos sem nenhuma condição de enfrentar o poderoso exército muçulmano.

Sofreram fragorosa derrota e os que sobraram foram capturados.

QUARTA CRUZADA

Essa quarta Cruzada (1202-1204) foi conclamada pelo papa Inocêncio III, com o fito de reconquistar Jerusalém que os muçulmanos haviam conquistado em 1187. Saladino havia morrido e seu império se desagregara.

O Pe. Fulk de Neully, atendendo aos apelos do Papa, passou a pregar a necessidade da formação de uma Cruzada com a santa intenção de reconquistar Jerusalém.

A pregação do Pe. Fulk deu resultado e o que se viu foi a adesão de muitos cavaleiros ilustres, entre eles o conde Balduíno de Flandres e seu irmão Henrique de Angre, o conde Luis Blois e Geoffroy de Villehardouin e muitos outros.

Nesta Cruzada, o que se viu é que não prevalecia em seus membros principais quaisquer resquícios religiosos, o que prevalecia era o interesse político e comercial. Tanto isso é verdade, que em vez de se dirigirem para Jerusalém, a fim de a libertarem, rumaram para Constantinopla.

Essa quarta Cruzada em vez de combater os muçulmanos, terminou fazendo guerra aos cristãos do Oriente, conquistou o chamado Império Bizantino e fundou o Reino Latino de Constantinopla (1204). Tal fato aconteceu porque, necessitando de atravessar o Mediterrâneo, os venezianos, comandados pelo doge Enrico Danolo, juntaram-se aos cruzados.

Depois da conquista de Constantinopla, os mercadores de Veneza receberam o monopólio do comércio de Constantinopla, que era, sem dúvida, o mais importante lugar comercial daqueles tempos. Para eles, caía a água no mel, pois com a abertura dos portos bizantinos, adquiriram a hegemonia comercial e marítima no Mediterrâneo Oriental.

O que vimos até aqui é prova irrefutável de que as Cruzadas nunca tiveram nada a ver com a Maçonaria Operativa.

Para não mais cansar nossos leitores e, muito menos, a nós mesmo, daqui para frente, daremos um pequeno resumo das quatro Cruzadas restantes.

QUINTA CRUZADA

A quinta Cruzada foi conclamada pelo Papa Honório III e constituída pelo rei da Hungria, com o fito de atacar o Egito. Durou de 1217 a 1220, não conseguindo os objetivos para os quais foi formada. Fracassou completamente.

SEXTA CRUZADA

A sexta Cruzada (1228-1229) foi organizada por Frederico II, imperador da Alemanha. Não chegou a entrar em luta. O sultão do Egito estava em guerra com seu Irmão, sultão de Damasco. Frederico II aproveitou-se do que estava acontecendo e conseguiu fazer uma negociação (fevereiro de 1229) através da qual obteve que o sultão do Egito devolvesse Jerusalém, Nazaré e Belém, além das rotas de ligação com São João D'Acre.

Pelo tratado, os cristãos ficaram com o Santo Sepulcro e os muçulmanos, com as Mesquitas de Omar de Al-Agsa.

Esse acordo durou até 1244, quando mercenários do Sultão do Egito voltaram a conquistar Jerusalém.

SÉTIMA CRUZADA

A sétima Cruzada foi organizada em 1248, visando à reconquista de Jerusalém. Chefiando-a Luís IX marchou contra o Egito. Derrotado, foi feito prisioneiro e só conseguiu sua soltura depois de pagar alto resgate.

OITAVA CRUZADA

O rei Luís IX, não se importando o que aconteceu com a sétima Cruzada, assumiu o comando da oitava. Tendo desembarcado no Norte da África teve que fazer a longa e penosa travessia do deserto.

Aí aconteceu o imprevisto: a peste começou a dizimar seu exército. Um dos primeiros a morrer foi o próprio filho do rei. O próprio rei veio a falecer, isto em 1270.

BIBLIOGRAFIA

CASTELLANI, J. *Curso Básico de Liturgia e Ritualística*. Londrina: "A TROLHA", 1994.

FERREIRA, C. B. R; CAPARELLI, D. *Os Templários no Terceiro Milênio*. Brasília: Santa Terezinha, 1998.

HILLS, K. *As Cruzadas*. São Paulo: Ática, 1990.

REBELO, M. *As Cruzadas*. Rio de Janeiro: Tecnoprint, s/d.

THEIS, A. *No Tempo das Cruzadas*. São Paulo: Verbo, 1986.

A Grande Responsabilidade de quem Governa uma Loja

O intuito que nos leva a escrever o que aí vai não é dar conselhos, mas sim alertar aqueles que têm a responsabilidade de empunhar o Malhete do governo de uma Oficina.

Todo aquele Maçom que empunha o Sagrado Malhete deve estar imbuído do firme propósito de tudo fazer para que possa corresponder à confiança que lhe foi depositada pelos Mestres que o elegeram para tão alto cargo.

Se pararmos para pensar, chegaremos à conclusão que procede com correção aquele Mestre que, ao assumir o comando de uma Loja, dobra os joelhos diante do Grande Arquiteto do Universo para agradecer-Lhe e rogar-Lhe que lhe dê forças para que se torne melhor do que é e o ampare durante a caminhada que terá que percorrer a fim de suportar com espírito maçônico o nobre cativeiro do dever.

É preciso que os que governam uma Loja tenham sempre em mente aquelas palavras pronunciadas pelo Irmão Chanceler quando da abertura dos trabalhos, em resposta à pergunta que lhe faz o Venerável Mestre sobre o que seja a Maçonaria.

Uma Instituição que tem por objetivo tornar feliz a humanidade, pelo amor, pelo aperfeiçoamento dos costumes, pela tolerância, pela igualdade e pelo respeito à autoridade e à crença de cada um.

Essas palavras exigem, não só das Luzes, mas de todos os Maçons, profunda meditação uma vez que elas sintetizam realmente a finalidade da Sublime Instituição Maçônica.

Não há dúvida que, se quisermos colaborar para tornar feliz a humanidade, é mister, antes de tudo, que nos tornemos felizes a nós mesmos e àqueles que formam nossas famílias.

Necessário é que recebamos sempre de coração aberto tanto os bons como os maus momentos.

Será um bom Maçom, sobretudo, será um excelente Venerável, os que dominarem os excessos da vaidade pessoal, vencerem o egoísmo e o orgulho, sendo sumamente importante que busquem o conhecimento de si mesmos e dominem os maus impulsos.

Que se tenha sempre em mente que é a própria Maçonaria que propicia os meios para que o Maçom se torne digno dela.

Deus charitas est! Deus é amor e só pelo amor, só se nossa alma estiver embebida do amor de Deus é que conseguiremos atingir o fim a que nos propomos como Maçons.

Como conseguir aperfeiçoar o costume dos outros se não buscarmos nosso próprio aperfeiçoamento?

Como querer que os outros nos tolerem se não formos capazes de exercer a tolerância para com eles.

Como desejar a igualdade se nos julgarmos superiores aos nossos Irmãos?

Como desejar que nos respeitem se não formos capazes de respeitar nossos semelhantes?

Como querer que nossa crença seja respeitada se não tivermos humildade e sabedoria suficientes para respeitarmos a crença alheia?

Que se tenha sempre em mira a verdade incontestável de que o Maçom é um predestinado. Sim, um predestinado porque pertence a uma Instituição onde se respeitam e convivem fraternalmente católicos e espíritas, protestantes, maometanos, budistas, xintoístas, teístas, deístas e livres-pensadores.

Seria bom, seria ótimo, que o Venerável Mestre de uma Oficina tudo fizesse para que os trabalhos ali levados a efeito não caíssem na rotina, naturalmente sem fugir ou alterar os Rituais, e procurasse modificar, didaticamente, a maneira de ensinar as matérias que devem ser ministradas a Aprendizes ou a Companheiros.

Os Maçons são todos iguais, no entanto devem obedecer, sem subserviência, às determinações daqueles que governam a Oficina e a tudo aquilo que for aprovado em Loja ou por determinação do Sereníssimo Grão-Mestre, através de Atos e Decretos.

Para que o Iniciado chegue à condição de verdadeiro Maçom, necessário é que se dedique ao estudo, que compareça às reuniões, que participe. Não há dúvida de que a Maçonaria é uma escola, a escola do filosofar.

O saudoso Irmão José Rodrigues Trindade – Zé Rodrix – Maçom de invejável cultura, alguns meses antes de passar para o Oriente Eterno, em texto dirigido ao autor destas linhas, afirmou o seguinte:

> *Se nós não impusermos uma cultura sólida na Maçonaria da qual fazemos parte, ela será simplesmente um arrazoado de Rituais sem sentido, baseados em coisas que ninguém entende. Curiosidade que ser um Iniciado desperta deve ser elevada ao ponto máximo; é este o motivo das instruções e dos trabalhos correspondentes a elas.*

E o excelente Irmão continua:

> *Maçonaria é intelecto, mesmo quando toca nas questões mais místicas e esotéricas;* ***como verdadeiros filhos da Filosofia*** (o grifo é nosso) *nossa salvação só se dá pela Sabedoria, não pela fé, nem pela ideologia, que tantos têm imputado como únicas capazes de promovê-la. É preciso conhecer as fontes de nosso saber disponível, para que ele se amplie e torne essencial.*

Ninguém diria mais nem melhor.

O Venerável Mestre sabe, como devem saber todos os Maçons, de Aprendizes a Mestres: os Rituais existem para serem estudados. É preciso, inclusive, pesquisar, catar o sentido exato de muita coisa que ali vem exposta. Mas é necessário também que haja Mestres preparados para que sejam ministradas explicações sobre os tópicos mais difíceis.

Além do estudo dos Rituais, é necessário ler os bons autores, isto é, aqueles escritores Maçons que não inventam, que não plagiam, que não mentem. O alicerce sobre o qual se erguem as paredes da Sublime Instituição é a Verdade, logo...

O bom governante de uma Loja Maçônica enaltece não só a Loja que governa, mas enaltece a Obediência à qual a Oficina pertence e enaltece também a própria Maçonaria Universal.

O Ritual e suas Belezas

O primeiro "livro de estudos" entregue a um recém-Iniciado nos Sagrados Mistérios é o **Ritual**.

Às vezes, tem-se a impressão de que o Ritual não é levado a sério. Para quem o compulsa pela primeira vez, a impressão que deixa não é lá muito satisfatória. Recheado de perguntas e respostas nem sempre inteligíveis. Abreviaturas nunca vistas. E o novo Maçom não sabe o que pensar. Se ele tiver um *bom* Padrinho, logo ficará sabendo que tudo o que ali está tem uma razão de ser.

Em todo caso, queremos chamar a atenção de nossos Irmãos, sobretudo dos novos Maçons para um pequeno trecho da Primeira Instrução. Igual ao trecho que vamos apontar, o Ritual de Aprendiz tem dezenas deles e cada um mais importante que o outro.

A única coisa que tira um pouco a beleza dessa "Cartilha de Estudos" é a falta de respeito ao nosso belo quão rico idioma. A culpa não é da Sublime Instituição, mas de certos governantes que, ao imprimirem uma nova edição, não se importam com a linguagem, ou pedem a alguém, muitas vezes desconhecedor das regras da gramática, para que corrija os erros porventura existentes. Aí, é aquela lástima.

Temos diante dos olhos um Ritual de Aprendiz, Rito Escocês Antigo e Aceito, edição de 1987.

Na abertura dos trabalhos, em Loja, atendendo a uma pergunta do Venerável Mestre, o Chanceler lê, exatamente, o seguinte:

> *Não, Venerável Mestre. Ela é universal e suas Oficinas se espalham por todos os recantos da Terra, sem preocupação* **de** *fronteiras e* **de** *raças.*

Já pensaram os nossos leitores se alguém dissesse "eu tenho preocupação **de** meus filhos?"

É uma questão de regência. O verbo preocupar (e seus derivados) pede a preposição **com**: Preocupo-me **com** meus filhos. Portanto, corrija-se o Ritual: **com** fronteiras e **com** raças. Notem bem os Irmãos Aprendizes: a única coisa que se pode corrigir em um Ritual é o erro de linguagem.

Ainda na abertura dos trabalhos, em uma das últimas falas do Venerável Mestre, ele diz: "Graças **te** rendemos..." Veja-se que o tratamento é de 2ª pessoa do singular. Pois bem, lá na frente está escrito: **faz**, verbo na 3ª pessoa, quando o certo seria **faze**...

Paremos por aqui. Nossa intenção não era apontar erros de linguagem, mas a extraordinária beleza que o Ritual traz em suas páginas. Por exemplo, Primeira Instrução, no Ritual já apontado, na página 80. É um trecho de uma das falas do Venerável Mestre.

> *E assim, inserimos esse ensinamento moral: – O conhecimento baseado na exatidão, ajudado pelo trabalho e efetivado pela perseverança, vencerá todas as dificuldades, atingindo as trevas da ignorância e espargindo a felicidade no caminho da vida.*

Este conselho, se aceito pelo Aprendiz, vai fazer que se torne um Maçom autêntico.

Vejam bem: O conhecimento baseado na exatidão... Isto significa que o ensino é feito escorado na verdade. Isto que aí está é um anátema às invenções. Para que se adquira o conhecimento, para que se deseje alcançar a gnose é preciso trabalho; esse trabalho muitas vezes é difícil, necessário é que se tenha perseverança. É evidente que quem se vê livre da ignorância é feliz.

Em nosso caso, quando se estuda com perseverança o que a Maçonaria nos aponta como conhecimento necessário, tornamo-nos Maçons autênticos e todo Maçom **verdadeiro** é feliz.

E o conselho continua: "*Tornai-vos, pois, investigadores da verdade*". Há muita gente por aí que devia meditar em cima desse período.

Estudando com afinco, com coragem, o Maçom há de se aperfeiçoar e crescer na aprendizagem da "Arte Suprema" – a Arte Real.

E o Venerável Mestre continua aconselhando:

> *... penetrai nossos Mistérios e vinde com assiduidade aos trabalhos para serdes admitido às graças que a Loj∴ não recusa aos Obreiros que se elevem aos seus conceitos.*

Que beleza de ordem. Tudo o que aí está podia ser resumido no seguinte pedido: Não falte à Loja. E o Venerável enfatiza o pedido:

"*Vinde com assiduidade aos trabalhos...*" é o convite à participação. Participar, em Maçonaria, é um dos pontos mais importantes. E a participação deve ser intra e extramuros.

Outra linda passagem do trecho que estamos analisando:

> *Se volvermos um pouco ao passado e o compararmos ao presente, veremos que alguma coisa de eternamente bela e admirável existe no Homem quando perscrutando seus instintos morais, o vemos, através das luzes da razão e sãs aspirações, senhor de seus destinos sociais.*

Talvez que, se esse trecho não for bem explicado, o Aprendiz, jejuno ainda dos verdadeiros interesses da Maçonaria, fique sem entender direito o verdadeiro sentido do que leu. Ele pode pensar:

> *Eu sou um homem honesto, sempre cumpri minhas obrigações, não tenho por que olhar o meu passado – de lado...*

É preciso explicar que o pensar maçônico se volta sempre para a busca do aperfeiçoamento de seus afiliados. Por melhor que tenhamos sido no passado, isto não impede que tenhamos alguma coisa a extirpar de nosso interior. A explicação deve ser sincera. Se algum Irmão o apresentou para que fosse Iniciado em nossos Sublimes Mistérios é porque o considerou um homem de bem, digno da Maçonaria.

Depois dessa explicação, pedir ao Aprendiz que leia, com bastante atenção o que vem depois, e ele passará a entender porque é considerado uma "Pedra Bruta".

De fato, toda a **filosofia** anterior se completa com o restante do texto:

> *É que encaramos o Homem, não como um ser degenerado, preso à terra pelo egoísmo de seus sentimentos, rastejando no círculo dos preconceitos e seguindo, servilmente, os velhos erros hereditários, mas como ser superior aos demais, usando conscientemente de seus deveres e de seus direitos, para chegar ao apogeu da Perfeição a que é destinado. Eis por que nossas cerimônias se destinam a vos mostrar que, a partir de hoje, tendes de desempenhar o glorioso papel de Construtor Social.*

Aí fica fácil explicar que todo o trabalho da Sublime Instituição visa à melhoria da sociedade em todos os sentidos. Para que isso possa concretizar-se é necessário que os elementos que a compõem procurem tornar-se melhores em todos os sentidos, moral, intelectual e espiritualmente.

Trechos e mais trechos do Ritual de Aprendiz (como dos outros Rituais) estão repletos de ensinamentos que visam exatamente à melhoria de cada um de nós, Maçons. Esta é a grande razão por que nossos Rituais devem ser estudados com atenção, para que possamos tirar deles o melhor que pudermos para passar aos nossos Aprendizes e Companheiros. Se isto for bem feito, estaremos contribuindo para que eles se tornem os grandes Maçons de amanhã.

Fé, Razão, Imaginação

Já escrevemos sobre a Imaginação, trabalho publicado em jornais e revistas. Agora pretendemos mostrar com este ensaio as influências da fé e da razão sobre a imaginação.

O homem é dotado de inteligência, razão por que ele tem o poder de pensar, de raciocinar, de imaginar.

Fé, razão e imaginação são produtos da inteligência, ou até, quem sabe, pudéssemos dizer que são subprodutos do intelecto.

Além do mais, o homem tem o poder de criar, de inventar. Esses poderes, ele possui por meio da imaginação. A verdade é que o homem cria, o homem inventa.

Antes de chegarmos ao ponto principal deste ensaio – imaginação, busquemos subsídios para podermos ter noções mais ou menos exatas sobre fé e razão, a fim de que possamos alcançar sem maiores dificuldades, o extraordinário valor da imaginação, excepcional qualidade que tanto pode produzir o **bem**, como pode produzir o **mal**.

De princípio, ousaríamos perguntar se a fé seria um complemento da razão. Não! O que existe entre fé e razão, entre razão e fé é um relacionamento bem claro.

Tomás de Aquino, a nosso ver, foi quem melhor doutrinou sobre esse relacionamento. Criou uma doutrina baseada em quatro princípios fundamentais. Vejamos quais são eles:

1 – *Fé e razão são maneiras diferentes de conhecer.*
2 – *Fé e razão não podem contradizer-se.*
3 – *A razão é incapaz, por si só, de penetrar nos mistérios de Deus.*
4 – *A razão pode prestar um precioso serviço à fé.*

Talvez, atentos aos ensinamentos do grande teólogo da Igreja, alguns exegetas ensinam que a filosofia cristã repousa sobre uma síntese da razão natural e da fé, porém, de tal modo, que a razão se subordina à fé para, só então, justamente a seu serviço, poder desenvolver-se plenamente.

Em tudo é preciso que se tenha presente que fé e razão são maneiras inteiramente diferentes de conhecer, uma vez que a razão aceita a verdade pela sua evidência, já a fé aceita a verdade através da revelação. Por aí fica patente que filosofia e teologia são "ciências" diferentes. Para explicar por que fé e razão não podem contradizer-se, Tomás de Aquino argumenta que a verdade de fé, isto é, a verdade revelada, não pode jamais entrar em conflito com a verdade da razão. E acrescenta que se sabemos algo por razão, não sabemos por fé, e se sabemos algo por fé, não o sabemos por razão.

Não se pode e não se deve, em hipótese alguma, desmerecer o valor da fé, entretanto, o Maçom deve ter em mira que a razão é fundamental no homem, tanto isso é verdade que podemos indagar se sem a presença da razão seria possível a existência da fé. É necessário que se use a razão e jamais abandoná-la, mesmo que se saiba da existência de uma luz superior. Aliás, aprendemos com o grande teólogo da Igreja que até mesmo na suposição da existência de uma luz superior, deixar de utilizar essa extraordinária força que é a razão, seria como renunciar a uma exigência natural e basicamente primordial.

É nosso pensar, conforme já o afirmamos em outro ensaio, é erro crasso submeter a razão ao comando da fé, como ensinavam alguns mestres na Universidade de Paris, uma vez que os seguidores do filósofo Averróis interpretavam de maneira errônea os ensinamentos de Aristóteles.

E a confusão se estabeleceu com o aparecimento da doutrina da dupla verdade – a da fé e da razão. Chegaram a ensinar que fé e razão estavam inteiramente separadas, o que contribuiu para que se estabelecesse uma certa confusão entre o saber religioso e o saber laico.

Nas discussões travadas sobre o assunto, cumpre seja ressaltada a figura de Tomás de Aquino que começou por afirmar que era necessário respeitar as verdades racionais uma vez que é a razão que une os pontos fundamentais do pensar humano.

As discussões sobre experiência e razão (empirismo e racionalismo) no início da Idade Moderna (1453) trouxeram valiosos esclarecimentos sobre como pode o homem adquirir conhecimentos.

Jamais se colocaria em dúvida que a razão é o quase tudo quando se fala em aprendizagem. Todavia, já Aristóteles dizia que os sentidos eram importantes no esforço para aprender. Tomás de Aquino, no capítulo III da Súmula contra os Gentios, concorda inteiramente com o grande filósofo ao afirmar:

> *O nosso conhecimento intelectual, conforme o modo da vida presente, tem seu ponto de partida nos sentidos corporais de tal modo que tudo o que não cai sob os sentidos não pode ser apreendido pela inteligência humana.*

Falamos sobre fé e sobre razão. Cabe-nos agora dizer alguma coisa sobre **imaginação**, tendo por meta mostrar que é a grande arma de que se vale o homem na composição da obra de arte.

A poesia, por exemplo, é um dos grandes objetivos da imaginação, basta que citemos a Ilíada e a Odisseia para que se confirme nossa afirmação.

É usando a imaginação que o homem inventa e, sobretudo, cria.

Entretanto, devemos atentar para o fato de que se a imaginação inventa e cria obras de arte que se eternizam pela sua perfeição e beleza, também não se pode negar que, através da imaginação, ele inventa e cria coisas que não deviam jamais existir.

O que não se pode deixar de saber é que a razão, em certos momentos, deve policiar a imaginação.

Podemos exemplificar: quando se afirma um fato histórico sem que se tenha como provar, deixa-se a razão de lado, daí por que a invenção é produto de uma imaginação que posterga inteiramente a razão. A razão em si e por si não admite inverdades. Quem poderia afirmar que determinadas invenções não sejam mentiras?

Nosso Irmão, o filósofo chileno Moisés Mussa Battal deixou algo escrito que merece ser levado a sério:

> *A verdade é a suprema aspiração do homem. Não é em vão que nossos Rituais insistem que devemos conquistá-la e defendê-la a todo transe. Em que ela consiste? Consiste sumariamente, esquematicamente, no acordo do pensamento com a realidade* ("Lições da Filosofia Geral e Maçônica", pág. 66).

Aliás, se não estamos enganado, também é dele a afirmativa de que a verdade brota quando o pensamento está de acordo com a razão.

Nós, os Maçons, todos nós devemos refletir, tendo por base afirmativa como essa de Mussa Battal, ou como essa outra de Tomás de Aquino:

> *A verdade não pode jamais contradizer a verdade. Quando aparece uma oposição, é sinal de que não se trata de verdade, Mas de conclusões falsas, ou não necessárias* (Suma Contra Gentios II, 3,4).

Não há negar, a imaginação é uma poderosa arma de que o homem lança mão quando se propõe a criar uma obra de arte. Quem nos dera que a imaginação só produzisse, só criasse coisas boas. Terminando, repetimos: de tudo o que ficou dito, entenda-se que a imaginação é muito útil desde que seja usada indissoluvelmente ligada à RAZÃO.

Compreensão

Compreensão é palavra derivada do latim *compreensio-onis* e tem em português a mesma gama de significados da língua de origem: ato de compreender, faculdade de compreender, ter a percepção de.

E qual o significado ou os significados de compreender? Este verbo se deriva do latim *comprehendere*, verbo da terceira conjugação. Compreender é perceber, é entender, abranger, estar contido em, encerrar-se, etc., etc..

De início, diremos que sem compreensão será difícil praticar a tolerância. A falta de compreensão, inclusive, é o fator maior do desmoronamento de muitos lares.

Antes de tudo, é preciso dizer que nós temos necessidade premente de nos compreendermos uns aos outros. É de suma importância que o Maçom seja compreensivo. Que queremos dizer com isto? Quem ninguém chegará a ser compreensivo se não procurar compreender a si mesmo.

Podemos, refletindo com cuidado, chegar à conclusão de que a compreensão entre os Maçons está na dependência direta de que cada um consiga compreender a si próprio.

Com essa afirmativa não é nosso intento reduzir a sociedade maçônica a um individualismo inoperante.

Ocorre que, para chegarmos a compreender a nós mesmos, precisamos penetrar em nosso interior, vasculhá-lo minuciosamente, buscando retirar dele tudo aquilo que deva ser extirpado. Por aí se vê que não é fácil a busca de um aperfeiçoamento que nos propicie os meios para que possamos viver em perfeita e constante fraternidade.

Não é possível que haja tolerância se não houver compreensão, se não procurarmos entender uns aos outros.

O certo é que a compreensão nos levará a aceitar nosso Irmão com suas qualidades e com seus defeitos. Sabemos que o desbaste da "Pedra Bruta" durará enquanto vivos formos, uma vez que, sendo finitos somos imperfeitos, por mais qualidades positivas que tenhamos estaremos sempre carregados de defeitos. O difícil é enxergarmos os nossos próprios defeitos, enquanto que enxergamos os defeitos dos outros com uma facilidade incrível.

Temos que saber que possuímos virtudes e possuímos defeitos, daí por que devemos ser humildes e procurarmos por todos os meios ao nosso alcance, perdoar os defeitos dos outros.

É certo que, não poucas vezes, a estrada da compreensão pode cruzar com os caminhos da incompreensão.

Entretanto, o convívio com os Irmãos, a participação efetiva, tanto em Loja como fora dela, pode nos antecipar as veredas da compreensão.

Quase que, sem perceber, começamos a ver mais virtudes que defeitos naqueles que convivem conosco.

A compreensão nos levará a saber perdoar os erros dos Irmãos, alertando-nos para o fato de que também nós erramos e, quem sabe, talvez mais do que os outros.

Daí por que, monsenhor Juvenal Arduini, com o seu grande conhecimento da alma humana, escreveu:

> *Aquilo que durante muito tempo intrigou, repentinamente começa a falar claro, e até a gritar a verdade. O que parecia recusa, converte-se em oferta. E a terra desabitada pode um*

dia amanhecer germinando mensagens. Situações factualmente absurdas costumam estar grávidas de revelações inesperadas. E quanto mais estranhas e escandalosas antes, mais expressivas e esclarecedoras depois (*in* "O Estradeiro?).

Muitas e muitas vezes julgamos erroneamente o proceder de um Irmão por não termos percebido quais fossem as suas intenções. A compreensão tem o condão de alimentar a nossa percepção. Existem boas intenções e existem más intenções. Nesses longos anos de vida maçônica, aprendemos que aquele que ingressa em nossa Ordem com segundas intenções dificilmente permanece em seus Quadros, e quando ocorre o contrário, transforma-se em pomo de discórdia. É certo que alguns devido a compreensão daqueles que os cercam e com eles convivem, transformam-se em excelentes Obreiros.

Afinal de contas qual é a conclusão a que podemos chegar?

O Maçom que começa a compreender a si próprio, começa a evoluir, a valorizar-se. Em vez de autocondenar-se, passa a limpar o seu interior, passa a conhecer suas deficiências, todavia não se irrita com elas; não se maldiz porque errou e busca tirar proveito da experiência que o erro lhe proporcionou para não cometê-lo novamente, consciente de que participa de uma entidade que visa algo superior.

Algumas Observações sobre o Cargo de Secretário

É nossa intenção com o que vai escrito a seguir, dar um grito de alerta aos responsáveis pelas nossas Lojas, diante do que está acontecendo com relação aos Balaústres lavrados para fixar os fatos ocorridos durante as Sessões.

Não é nosso intuito apontar tudo aquilo que é da obrigação do Secretário. É tão grande a relação daquilo a que ele é obrigado que se os Irmãos convidados para assumir o cargo soubessem iriam tentar não aceitá-lo.

Xico Trolha, na excelente obra "Cargos em Loja", gasta 11 páginas para dizer tudo o que o Secretário tem que fazer.

Ficam sob a guarda do Secretário os livros para lavratura dos Balaústres das Sessões, um para cada Grau, livro de presença dos Obreiros, livro de presença de visitantes, livro do Balaústre das eleições da Loja e muitos outros documentos que não vamos enumerar.

> *O Regulamento Geral da Grande Loja Maçônica do Estado de São Paulo diz, no art. 168:*
>
> *"O Secretário será o responsável pelo expediente da Secretaria, competindo-lhe:*

I – redigir e ler as atas das Sessões;

II – expedir, receber e responder, depois de despachado pelo Venerável, a correspondência da Loja;

III – enviar, quando impedido de comparecer, os livros, papéis e demais documentos necessários às Sessões;

IV – por ordem do Venerável, fazer todas as convocações;

V – expedir, dentro de oito dias, as comunicações regulamentares à Grande Secretaria Geral;

VI – emitir os Certificados de Grau e ***quit placet*** *e enviá-los para registro junto à Grande Secretaria Geral;*

VII – enviar à Grande Secretaria Geral o pedido de registro no Fundo de Beneficência Maçônica logo após a admissão de Obreiros;

VIII – preencher a ficha de cadastro e enviá-la à Grande Secretaria Geral, logo após a Exaltação de Obreiro;

IX – organizar e enviar à Grande Secretaria Geral até o dia 30 de abril de cada ano o Quadro de Obreiros;

X – manter prontuário atualizado de cada Obreiro do Quadro;

XI – comunicar à Grande Secretaria Geral, a juízo do Venerável, as ocorrências que possam interessar à Ordem, relacionadas com os Obreiros;

XII – manter em dia e em ordem o arquivo da Loja;

XIII – assinar com o Venerável e o Orador as atas aprovadas".

Alguém pode estranhar de nós colocarmos aqui o que é de obrigação do Secretário, tirando do Regulamento Geral de uma determinada Potência.

Refletimos sobre isto e resolvemos fazê-lo porque acreditamos que, se houver diferenças em outras Potências que adotam o Rito

Escocês Antigo e Aceito essas mudanças serão mínimas, mesmo porque em sendo membro da GLESP, devemos pensar nas centenas de Lojas do Interior paulista, uma vez que nossa Potência tem para mais de seiscentas Oficinas.

O grito de alerta a que nos referimos no início deste arrazoado se prende ao fato de algumas Secretarias, deixando de usar livros para a lavratura dos Balaústres, passaram a usar folhas soltas, com a promessa de encaderná-las a cada final de ano maçônico.

Queremos honestamente dizer que não acreditamos que no fim de cada ano maçônico estejam reunidas todas as folhas das atas de cada Grau.

Os Balaústres são os documentos que servirão para compor a história da Loja. Uma Loja depende das atas das Sessões para compor a história de sua existência. Vejam que coisa admirável, uma Loja fundada em 1913 pode provar que nunca abateu Colunas, porque tem os Balaústres, de mês a mês, de ano a ano desde sua fundação até os dias de hoje.

Fomos Secretário de Loja muitas e muitas vezes, sempre lavramos os Balaústres das Sessões em livros próprios. Não podemos atinar quais as razões de se abandonar os livros por folhas soltas. Pode facilitar o trabalho do Secretário, mas pode prejudicar, e muito, a história da Loja.

Quando fomos homenageado por nossa Loja-Mãe, a "Primeiro de Janeiro" 113, fomos surpreendido pela leitura do Balaústre de nossa Iniciação, ocorrida em 1975.

Quando da fundação de uma das Academias Maçônicas de São Paulo, alguém sugeriu o nome de nosso pai para patrono de uma das cadeiras.

Pedimos que esperasse, que íamos procurar documento que provasse sua qualidade de Maçom. Sabíamos em que Loja ele havia sido Iniciado, mas ignorávamos a data.

Escrevemos à Loja "Libertadora Acreana", Oriente de Villa

Seabra, hoje Tarauacá – AC, pedindo que, se possível, nos enviasse documento provando que José Marques Sobrinho fora Maçom.

Para surpresa nossa, aquela Loja nos enviou xérox do Balaústre de sua fundação, fato acontecido no dia 13 de julho de 1913 e xérox do Balaústre da Iniciação de nosso pai, o que se deu em 26 de abril de 1917.

Vamos transcrever algumas linhas em homenagem àquela quase centenária Aug∴ e Resp∴ Loj∴ Simb∴ "Libertadora Acreana" 4.

> *À Gl∴ do Gr∴ Arch∴ do Univ∴*
>
> *S∴ F∴ U∴*
>
> *Ata de Instalação da Loj∴ Prov∴ "Libertadora Acreana" ao Or∴ de Villa Seabra, Prefeitura de Tarauacá, Território Federal do Acre.*
>
> *Aos treze dias do mês de Julho do anno de mil novecentos e treze. Em lugar conveniente e reservado, reunidos os Maçons cujas qualidades ficaram certas e que esta subscreveram, animados do desejo de trabalhar regularmente e inspirados nos princípios que presidem a Maçonaria, constituir uma Officina, afim de apurar as virtudes maçônicas e de levantar bem alto o prestígio da Sublime Ordem, nesta zona da querida Pátria Brasileira...*
>
> ∴
>
> *Aug∴ e Resp∴ Loj∴ Simb∴ "Libertadora Acreana", Or∴ de Villa Seabra, em 26 de Abril de 1917 (E∴ V∴)*
>
> *Acta – Foi lida e sem discussão approvada a acta da Sess∴ anterior.*
>
> *Expediente – Não houve. Verificando-se que achava-se à Camara de Reflexão o candidato José Marques Sobrinho foi, depois de cumprido o cerimonial da Litturgia maçon∴ inic∴ em nossos AAugs∴ MMyst∴ pelo que o Ven∴ Mest∴ o recebeu*

e constituio App∴ membro activo desta Aug∴ e Resp∴ Off∴. O Ir∴ Orad∴, em nome de nossa Off∴ congratulou-se com nossa Ord∴ em geral pela alta aquisição que esta Off∴ acabava de fazer um Ir∴ e Asc∴ e o qual espera reto cumprimento do novo Ir∴, sem mancha na vida profana...

Os Árabes e a Filosofia Grega

Avicena e Averróis

Os primeiros conhecimentos da filosofia grega os árabes adquiriram a partir da conquista da Síria (634). De início, ficaram conhecendo Platão e Aristóteles. À medida que iam lendo a filosofia desses dois grandes filósofos, passaram a interessar-se mais por Aristóteles, deixando Platão um pouco de lado. O mesmo não acontecia com os estudiosos da filosofia, na Europa. Aliás, o neoplatonismo surgira e fora abraçado, não só por Plotino como também por Santo Agostinho.

O trabalho dos estudiosos árabes foi muito importante. À medida que iam tomando conhecimento das filosofias platônica e aristotélica, os líderes da cultura maometana passaram a discuti-las largamente, chegando ao ponto de promoverem a tradução de obras de Platão e de Aristóteles.

É comum historiadores afirmarem que, aí pelas cercanias do ano 1100, alguns textos do pensamento filosófico grego estavam mais difundidos entre os árabes do que entre os estudiosos da Europa.

Al-Kindi, que deve ter vivido na primeira metade do século

X foi o primeiro estudioso a escrever filosofia em árabe. Todavia ele traduziu excertos das "Enéadas" de Plotino colocando-lhe o título de "A Teologia de Aristóteles". Tal fato provocou grande confusão entre os árabes, pois, como é sabido, a obra de Plotino é inteiramente neoplatônica.

Foi a partir do século XI que, na Europa, a influência de Aristóteles passou a superar a dos neoplatônicos, não a eliminando totalmente como se poderia presumir.

AVICENA

Avicena (Ibn Sina) nasceu em Bukara, na Pérsia, em 980. Foi médico famoso, tendo tido como pacientes alguns príncipes persas. Morreu em Hamadan, em 1037.

Avicena estudou exaustivamente as filosofias de Platão e de Aristóteles, tendo influído de maneira decisiva na difusão do pensamento do Estagirita.

À sua fama de filósofo, acrescente-se-lhe a fama de médico. Em pleno século XVII, no Ocidente, as obras de Avicena sobre medicina ainda eram reimpressas.

Entre seus numerosos escritos, deixou uma obra filosófica, intitulada "Chifa", em vinte e um volumes, verdadeiros tratados envolvendo matemática, física, psicologia, metafísica e lógica.

Como a maioria dos filósofos árabes, Avicena parte do princípio de que a filosofia é una e indivisível, o que o levou a procurar conciliação entre as doutrinas de Platão e Aristóteles e a afirmar a não oposição entre filosofia e dogma.

Ficou célebre a sua proclamação de que o entendimento filosófico é necessário para se compreender e assegurar a suprema verdade das leis e profecias do "Alcorão". Colocando, assim, a inteligência no mesmo plano da fé.

É interessante assinalar que Avicena inseriu, sobre os alicerces da cosmologia neoplatônica, todas as distinções metafísicas de Aristóteles:

Ato e potência, substância e acidente, matéria e forma.

Deus, para ele, além de ser o Ato Puro, representa o SER necessário, cuja essência se equipara à sua existência, constituindo a base de todas as possibilidades. A realidade suprema é o UM (Deus). Do UM procede o mundo.

Avicena vai mais longe e intui que, como do UM não pode sair alguma coisa que não seja UM, de tudo o que existe só uma coisa procede diretamente de Deus, a primeira inteligência, da qual procedem nove outras. A mais perfeita das inteligências é a última, que está em contato direto com a terra e é a que proporciona forma a tudo quanto existe e ideias aos homens.

Avicena procura conciliar a fé na providência com os dados filosóficos do Deus de Aristóteles. Ele pressupõe uma relação necessária entre Deus e a criatura, como se o mundo fizesse parte da natureza divina, o que, em última análise, não deixa de ser uma espécie de panteísmo.

A metafísica de Avicena se estriba na distinção que ele faz da realidade em *seres necessários por si mesmos* e em *seres necessários* em *virtude de sua causa*.

Pela primeira vez aparece nos campos da filosofia, uma diferenciação fundamental entre essência e existência.

Essa dissociação nunca foi discutida e muito menos apresentada nem mesmo pelos gênios da filosofia grega.

Vejamos o que ele diz sobre o assunto:

> *Dizemos, portanto, que o que faz parte do ser pode ser dividido pelo intelecto em dois grupos. Do primeiro fazem parte as coisas que, em sendo consideradas em si mesmas, têm algo que não lhes é necessário, mas também não é impossível, porque de outro modo não pertenceriam ao ser. Trata-se, pois, do ser possível. Ao outro pertencem as coisas que, em sendo consideradas em*

> *si mesmas, verifica-se que têm um ser necessário. Diremos, por isso, que tudo aquilo que é necessário por si não tem causa –* ***necesse esse per se non habet causam*** *(o que existe necessariamente não tem causa) – e que aquilo que é possível por si tem causa; e além disso que aquilo que é necessário por si é a razão da necessidade de todas as outras coisas* (Chifa, I, 7).

Essa distinção enriquece o pensamento filosófico de Avicena, de vez que, com ela, o filósofo estabelece os limites entre Deus e as criaturas, isto é, entre o Ser necessário e os seres possíveis. Por isso, mais adiante, ele afirma:

> *Tudo o que tem quididade (essência) é causado; e todas as outras coisas, com exceção do Ser necessário por si, são quididades que têm o ser em potência, o qual sobrevém a elas de fora; o ser primeiro, ao contrário, não tem quididade* (idem, idem).

Avicena procura provar a existência do Ser necessário por si, argumentando que as coisas são simplesmente possíveis, e não necessárias, por esse motivo para que possam existir em ato, é necessário que haja uma causa.

Depois de ter estabelecido a existência do Ser, o filósofo aponta os seus principais predicados: inteligência, vontade, bondade, unidade, imensidade, simplicidade e eternidade.

Avicena interessou-se e discutiu o problema dos *universais*. A esse respeito, Bertrand Russell, com todo o saber que lhe reconhecemos, afirma o seguinte:

> *Sua filosofia aproxima-se mais da de Aristóteles e menos do neoplatonismo, que a de seus predecessores muçulmanos. Como os escolásticos cristãos, mais tarde, ocupa-se do problema dos universais. Platão dissera que estes eram anteriores às coisas. Aristóteles tem duas opiniões: uma quando raciocina, outra, quando está combatendo Platão. Isso o torna matéria ideal para um comentarista. Avicena inventou uma fórmula que foi repetida por Averróis e Alberto Magno: "O pensamento produz*

a generalidade nas formas". Diante disso, poder-se-ia imaginar que ele não acreditava nos universais fora do pensamento. No entanto esse seria um conceito indevidamente simples. Os gêneros – os universais – estão, diz ele, ao mesmo tempo, antes, dentro e depois das coisas. Explica-o da seguinte maneira: estão antes das coisas no entendimento de Deus. (Deus decide, por exemplo, criar os gatos. Isto exige que Ele tenha ideias de "gato", a qual é, assim, anterior aos determinados gatos.) Os gêneros estão nas coisas em objetos naturais. (Quando os gatos foram criados, há em cada um deles as qualidades de felino.) Os gêneros estão ***depois*** *das coisas em nosso pensamento. (Quando já vimos muitos gatos, notamos sua semelhança uns com os outros, e chegamos à ideia geral dos* ***gatos****). Esta ideia pretendia, evidentemente, reconciliar teorias diferentes* ("História da Filosofia Ocidental", Livro II).

AVERRÓIS

Não só Avicena exerceu grande influência sobre a filosofia medieval, pois Averróis (Ibn Ruxd), outro pensador islâmico, talvez um dos maiores entre os comentadores de Aristóteles, também influenciou grandemente o pensamento filosófico medieval.

Os comentários de Averróis sobre os escritos de Aristóteles foram traduzidos para o latim por Miguel Scott. Não se pode pôr em dúvida o quanto as traduções e os comentários averroístas concorreram para que Aristóteles se transformasse no mais querido filósofo grego na Idade Média.

A grande influência de Averróis se fez presente, não somente entre os escolásticos, os franciscanos e na Universidade de Paris, mas também entre os membros de um grande grupo de livres-pensadores que chegaram a ser chamados de averroístas.

Averróis nasceu em Córdoba, no ano de 1106. Seu pai e seu avô foram cádis (juízes) naquela cidade, onde gozavam de grande conceito e ele próprio foi cádi, primeiramente em Sevilha, depois na cidade natal.

Sua formação foi a mais completa que se possa imaginar. Estudou medicina, jurisprudência, filosofia, teologia, astronomia e matemática.

Foi médico famoso, tendo chegado a exercer sua profissão na Corte.

Desde cedo, dedicou-se a estudar e a comentar Aristóteles. Apesar do grande apreço que tinha pelo Estagirita, dele discorda às vezes, tomando posição francamente contrária a certas ideias do filósofo, como, por exemplo, no que diz respeito à essência das almas individuais, tendo, neste caso, assumido posição neoplatônica. O neoplatonismo concebia um "Intelecto da humanidade" de onde emanavam as almas individuais que, ao se manifestarem, transformavam-se em "intelectos ativos". O interessante de tal doutrina é que essas "almas individuais" terminavam sempre se reintegrando no "Intelecto da humanidade", de onde provinham.

Haddock Lobo, analisando o posicionamento de Averróis sobre o assunto, informa que essa tese

> *foi defendida com tal coerência e tanta força de persuasão que impressionou vários professores cristãos de teologia e chegou a ser adotada na Universidade de Paris. Posteriormente, a Igreja Católica a considerou herética* ("A Filosofia e sua Evolução").

Averróis procurou aperfeiçoar a interpretação árabe de Aristóteles que fora, até certo ponto, distorcida pelo neoplatonismo, conseguindo, assim, que o excelente filósofo viesse a gozar de grande prestígio entre os muçulmanos.

Escreveu alguns livros de grande valor filosófico, entre os quais se destacam os três comentários (Grande, Médio e Pequeno) à "Metafísica" de Aristóteles.

O teólogo Al-Ghazali escreveu um livro contra o pensamento

filosófico em geral, intitulado "Destruição dos Filósofos", onde procurava mostrar que toda verdade se encontra no Alcorão, não existindo, por isso, necessidade de qualquer especulação filosófica, a não ser aquela oriunda de revelação.

Averróis fez objeção ao arrazoado de Al-Ghazali com o livro intitulado "Destruição da Destruição" (*Destructio destructionis*), onde afirma a necessidade de se recorrer à inteligência, uma vez que, se a verdade pode ser expressa em termos religiosos, também pode sê-lo em termos filosóficos.

Isto não significa que ele esteja criando a teoria da dupla verdade, como querem alguns críticos. Para nós, o que ele expressa é a existência de dois modos diferentes de se exprimir a mesma verdade.

Averróis afirma que a existência de Deus pode ser provada pela razão, não dependendo, portanto, da revelação.

Para ele, a religião contém, alegoricamente, as grandes verdades filosóficas. Em nosso entender, tal afirmativa tem aplicação especial no que se refere à criação.

Ele diz que o mundo é eterno não tendo origem, nem criação, como ensinam os teólogos, muito menos o mundo seria produto de emanação como queria Avicena.

Para ele, a harmonia do Universo se deve ao fato de que cada astro deseja unir-se não só à inteligência particular que o governa, mas também a Deus, Inteligência Suprema, que é a causa do mundo. Não a causa imanente do mundo, mas a causa final.

A filosofia muçulmana, na Espanha, termina com Averróis; no que toca ao resto do mundo muçulmano, o que pôs termo à especulação filosófica foi uma ortodoxia rígida, montada num terrível fanatismo religioso.

Devido às suas teorias filosóficas Averróis atraiu o ódio dos teólogos muçulmanos, os quais conseguiram que o soberano o mandasse para a prisão, aonde veio a falecer em 1198.

Averróis, segundo boa parte daqueles que lhe estudam as

nuances filosóficas, é mais importante para a filosofia cristã que para a filosofia maometana. Bertrand Russell chega a dizer que Averróis, no que diz respeito à filosofia maometana "é um fim de linha". Enquanto que ao que se refere à filosofia cristã, "um começo".

As Sete Artes da Antiguidade e a Maçonaria

É muito comum na continuidade de nossos estudos toparmos com citações sobre as "Sete artes liberais" ou "Sete ciências liberais".

Varoli afirma que a Maçonaria conserva o simbolismo moral e disciplinar que a elas emprestavam os Obreiros medievais.

O autor da divisão das **sete artes** foi o filósofo Severino Boécio que as classificou como **trivium:** gramática, retórica e lógica; **quadrivium:** aritmética, geometria, astronomia e música.

Na Escada em caracol (ou Escada-Caracol) o posicionamento das sete artes depois dos cinco degraus, representando os sentidos, tem conotação diferente daquela que normalmente a ela se atribui: moral e disciplina.

Na Escada em caracol, a junção dos sentidos com as artes liberais nos lembram que, na grande maioria das vezes, para que se adquira sabedoria é mister usar-se a experiência e a razão. Aqui se unem o empirismo e o racionalismo.

Como existe divergência sobre os modos de adquirir conhecimento, vale a pergunta: o conhecimento que alguém adquire se deve à razão ou se deve à experiência? É exatamente aí que entra a gnosiologia.

Em tudo e por tudo, o pensamento está sempre presente, conforme assinala o estudo filosófico: "*O pensamento, quando se lança mão da razão, nos leva à relação e às causas*".

O filósofo Mussa Battal tem uma tirada magistral quando toca no assunto.

> *Somente pela razão podemos chegar ao conhecimento matemático e a solução dos problemas matemáticos, usando os postulados, os axiomas, as definições. O empirismo, de "empeira", que em grego significa experiência é a posição oposta à do racionalismo. É assim porque, para o empirismo, a experiência é a única fonte do conhecimento humano* ("Lições de Filosofia Geral e Maçônica", 61).

A verdade é que existe exagero dos dois lados. Na Escada em caracol, os sentidos se juntam às sete artes liberais para chegar a um ponto certo do conhecimento, a fim de que, aquele que sobe os seus degraus, cumpra o que se propôs fazer.

Voltando às sete artes da antiguidade, é bom saber que, segundo Varoli, os pedreiros-livres, na Idade Média, colocavam as artes nos seus regulamentos e procuravam envolvê-las em verdadeiros mistérios.

Nossos melhores autores, quando se referem às sete artes liberais, citam como autor da divisão a que já nos referimos Severino Boécio, mas pouco dizem a respeito desse notável e infeliz filósofo.

Já que o **trivium** e o **quadrivium** são tão citados entre nós, é bom que fiquemos sabendo um pouco mais sobre o seu autor.

Severino Boécio (480-524) é um dos grandes expoentes da filosofia clássica. Homem de extraordinária erudição foi cônsul e primeiro ministro de Teodorico, rei ostrogodo. Teve fim trágico. Foi condenado à morte e executado em 524, depois de ter permanecido na prisão por alguns anos.

Existem algumas versões sobre sua condenação, entre as quais a de que defendeu ardorosamente o senador Albino, acusado pelo rei de manter entendimentos secretos com a corte de Bizâncio. Envolvido nas mesmas suspeitas foi preso e condenado à morte.

Severino Boécio foi um estudioso do neoplatonismo, bem como das obras de Aristóteles, tendo produzido uma obra, por todos os títulos, notável. Seu livro mais importante foi escrito quando estava preso, ***De consolatione philosophiae***. Esta obra se divide em cinco tomos e o assunto central é o problema da Providência Divina.

É de ver que nessa obra, Boécio, além do problema da Providência, trata também dos problemas do bem e do mal, da felicidade, do tempo, da eternidade, tudo sem sair do campo da filosofia.

Histórias

A História é, verdadeiramente, a testemunha dos tempos, a luz da verdade, a vida da memória, a mestra da vida, a mensageira dos tempos antigos.

Se há uma coisa que nos entristece, realmente, é verificar que nos tempos de agora ainda são publicados "fatos históricos" (falsos) como se fossem verdadeiros.

A definição de história – antiga – mais velha que a Sé de Braga, não é possível que não seja conhecida por quem se mete a escrever.

O que nos causa espécie é que haja quem escreva, relatando fatos comprovadamente não verdadeiros e, o pior, é haver quem os publique. Para que servem os Conselhos Editoriais? Ninguém é obrigado a publicar o que não possa ser comprovado.

Por que será que ainda existe alguém que não conheça o que tem sido publicado por uma plêiade de escritores, historiadores, memorialistas e articulistas do nosso tempo, cujas obras estão por aí em livrarias, em revistas, jornais e boletins. Seus escritos merecem fé porque foram produzidos por quem estuda, por quem pesquisa, por quem está escorado na verdade.

Alguns daqueles que honram a literatura maçônica passaram

para o Oriente Eterno não faz muito tempo e todos eles deixaram páginas escritas onde combatem as invenções e achismos: Nicola Aslan, Theobaldo Varoli Filho, Xico Trolha, José Castellani, Ambrósio Peters, Osvaldo Ortega, Zé Rodrix. Muitos outros estão aí vivos, escrevendo e ensinando, sempre escorados na verdade.

Infelizmente, há quem escreva, jejunos em história, como bem diz Theobaldo Varoli Filho, fatos que não deveriam, sequer, ser cogitados.

É realmente triste colocar-se os olhos sobre coisas assim: "As origens da Maçonaria se perdem na poeira dos tempos" ou "escrever sobre as origens da Maçonaria é difícil, quase impossível, porque elas se perdem nas brumas do tempo" ou "Platão foi Venerável de sua Loja", ou "A Maçonaria é originária dos Templários"...

Ninguém nega que haja alguma dificuldade em se apontar a época mais ou menos certa do nascimento da Maçonaria Operativa. De fato é difícil estabelecermos com certeza absoluta a data em que a Maçonaria Antiga, conhecida com o epíteto de Operativa, tenha começado a existir como associação verdadeiramente organizada. Entretanto, existe a certeza absoluta de que o seu começo se deu na Idade Média, não se sabendo apenas o século de seu início.

É bom que nossos leitores saibam que, no livro "Templo de Salomão – E outros temas interessantes", publicado pela Editora "A TROLHA", fizemos, depois de exaustivas pesquisas em obras de autores que merecem fé, um estudo pormenorizado dessa matéria.

Se nos abalançamos em tocar neste assunto é devido ao grande respeito que temos por nossos Aprendizes e Companheiros. É preciso que nossos Irmãos novos na Ordem não aprendam o que continua sendo assoalhado por escritores e articulistas que passam por cima da verdade histórica, escrevendo coisas no mais das vezes impossíveis de serem provadas.

Entretanto, é bom afiançarmos que não estamos de acordo com aqueles Irmãos que, às vezes, ofendem os que, por fás ou por nefas, escrevem o que não podem provar. Somos contra o erro, jamais contra qualquer um de nossos Irmãos. Aslan cita um historiador inglês, um tal de Henry Hallam, que escreveu esse absurdo:

> *O assunto tão interessante da Maçonaria teve a infelicidade de ser tratado apenas por panegiristas, ou por detratores, duas espécies de escritores igualmente mentirosos.*

É de ver que escritores mais antigos podem ter-se enganado em algumas de suas afirmativas por desconhecimento de documentos cuja existência era ignorada. Depois de fundada, em Londres, a primeira Loja de pesquisas do mundo, a "Quatuor Coronati", aos poucos tudo foi ficando mais claro, documentos foram sendo descobertos e devidamente analisados e muitas dúvidas sobre a Maçonaria Operativa deixaram de existir.

Temos notado que alguns autores ao escreverem sobre as origens da Maçonaria não citam o documento mais antigo dos operativos, ou seja, o Poema Régio, também conhecido como Manuscrito de Hallywell, que é datado de 1390, portanto, fins do século XIV. Outros documentos existem, já citados neste livro.

É bom dizer que não podemos aceitar aquilo que, historicamente, não possa ser comprovado, desde que *apareça em letra de forma* como verdade verdadeira.

Também sobre a Maçonaria do Brasil temos lido algumas inverdades, tão repetidas que se tem a impressão de que adquiriram raiz de escalracho. Neste caso, o pecado é mais grave, quase que imperdoável. Não faz muito tempo, lemos em uma publicação a afirmativa de que a primeira Loja fundada no Brasil foi a "Comércio de Artes", do que discordo.

No caso da Maçonaria do Brasil não nos levantamos, sem mais nem menos, contra afirmações feitas pelos primeiros autores que se abalançaram em dar algumas notícias sobre a Sublime Instituição. É o caso, por exemplo, de Joaquim Felício dos Santos, cuja obra se intitula "Memórias do Distrito Diamantino da Comarca de Serro Frio", publicada em 1868.

Esse autor, talvez bem-intencionado, mas não sendo historiador, informou sobre fatos históricos – maçônicos ou não – hoje não comprovados. A bem da verdade, deve-se dizer que nada existe ali que se compare com **invenções** de escritores "mais modernos" e que, ainda nos dias em que estamos vivendo, são repetidas de boca em boca.

Joaquim Felício dos Santos é citado em obra publicada já neste séc. XXI, cujo autor diz, com todos os SS e RR, que a Inconfidência Mineira foi obra maçônica e afirma que além de Tiradentes havia mais uma plêiade de Maçons e cita oito inconfidentes como Maçons.

Depois da citação dos "inconfidentes Maçons", o autor cita o autor das "Memórias do Distrito Diamantino" afirmando que ele disse que a Inconfidência Mineira havia sido dirigida por Maçons. Mais abaixo vem a citação de que o Aleijadinho também era Maçom.

Resta-nos uma dúvida, uma grande dúvida... O autor da salgalhada apontada por nós não cita o título da obra do Joaquim Felício dos Santos. Por quê? Nós sabemos: ele ouviu cantar o galo, mas não sabe onde.

Por aí se vê, meus caros leitores, que ainda existem **inventadores**. Irmãos Aprendizes, Irmãos Companheiros, cuidado! Quem estuda não inventa!

Já dissemos alhures o que repetimos aqui: hoje, com historiadores do mais alto gabarito não mais se admitem inverdades que correm mundo, prejudicando nossa Ordem e dando alimento aos nossos inimigos.

Há pouco tempo, lemos em uma de nossas publicações um artigo, até bem lançado, em que o autor cita como a primeira Loja Maçônica fundada no Brasil foi a "Cavaleiros da Luz", cuja fundação se dera a bordo de um navio francês – *La Preneuse* – que estivera ancorado no porto de Salvador.

O articulista pode não ter tomado conhecimento do que aconteceu com relação à fundação da "Cavaleiros da Luz", que se dizia ter sido fundada a bordo da fragata francesa que estava sob o comando de Antoine René Larcher. Como pode haver Irmãos que estejam na mesma situação, vamos tomar a liberdade de tratar do assunto já bastante esclarecido pelos historiadores que vamos citar. Historiadores de renome como Ricardo Mário Gonçalves, Frederico Guilherme Costa e o extraordinário memorialista José Castellani escreveram sobre aquela Loja, baseados em documento que parecia merecer fé. Estribaram-se eles no que escrevera F. Borges de Barros no vol. XV dos "Anais do Arquivo Público da Bahia", às páginas 44/45, sob o título de "Primórdios das Sociedades Secretas da Bahia", cuja publicação se deu em 1928.

O documento merecia fé? Havia ali esclarecimentos sobre a fundação da "Cavaleiros da Luz" e merecia fé porque o autor, além de Diretor do Arquivo Público da Bahia fora, também, Grão-Mestre da Grande Loja Simbólica da Bahia, cuja fundação se dera em 22 de maio de 1927.

O autor cita nominalmente todos os fundadores da "Cavaleiros da Luz".

Contudo, a pergunta é pertinente: naquele tempo navios franceses podiam ancorar em portos do Brasil?

O historiador Henrique Dias Tavares nega a veracidade do fato.

Por quê? Baseado em pesquisas feitas pela historiadora Kátia de Queirós Matoso que, duvidando sobre a estadia de "*La Preneuse*" no porto de Salvador e aproveitando sua ida à França fez pesquisas no Arquivo Nacional bem como nos arquivos da marinha francesa, em Paris. Depois de exaustivas buscas, a historiadora descobriu que a fragata francesa jamais estivera em Salvador. E descobriu mais: Larcher, que fora realmente comandante de "*La Preneuse*", estivera em Salvador, onde desembarcara do navio português "Boa Viagem", no dia 30 de novembro de 1796, em companhia da esposa e de duas filhas. Larcher, juntamente com mulher e filhas, regressou à Europa no dia 2 de janeiro de 1797, a bordo do navio português "Bom Jesus d'Alem".

Temos como certa a existência da "Cavaleiros da Luz". Pode-se supor que Larcher, no mês que permaneceu em Salvador, tenha-se encontrado com Maçons que ali residiam, além do que, aponta-se até a data da fundação – 14 de julho de 1797 e existe, entre enumerados como fundadores da Loja, um José Borges de Barros que, presumivelmente, pelo sobrenome, fosse um antigo parente de F. Borges de Barros.

O leitor bem informado talvez esteja perguntando a si mesmo por que José Bonifácio no Manifesto de 1832 nada disse sobre a "Cavaleiros da Luz"?

É bem verdade que Bonifácio, naquele documento, tenha dado a Loja "Reunião" como a primeira fundada no Brasil por ter sido ela a primeira que, em se filiando ao "Oriente da Ilha de França", tornou-se regular.

Sobre a Loja "Reunião", vejamos a opinião de historiador que merece fé.

Darley Worm no importante trabalho "Da História da Maçonaria" transcreve de Mário Name – notável historiador – esclarecimento sobre a primeira Loja regular do Brasil, que passamos a transcrever: (*in* apostila enviada ao autor deste Trabalho)

> *Os Anais Maçônicos Fluminenses registram a primeira Loja fundada no Brasil, na cidade do Rio de Janeiro, no ano de 1800, com o nome de "União". Essa Loja teve tamanha receptividade, congregando Maçons Iniciados na Europa e no Brasil, reunindo Maçons dispersos que, no ano seguinte, foi-lhe modificado o nome para Loja "Reunião". Essa Loja trabalhou desde o início*

no Rito Adonhiramita e recebeu Carta Constitutiva do Círculo do Oriente da Ilha de França, através de Mr. Laurent, em 1801. Posteriormente foram fundadas as Lojas "Virtude e Razão", na Bahia, em 1802. A Loja "Constância", a Loja "Filantropia", ambas no Rio de Janeiro em 1804. Estas foram, sem dúvida, as primeiras Lojas regulares do Brasil.

As duas Lojas fundadas no Rio de Janeiro, a que se refere Mário Name, foram filiadas ao Grande Oriente Lusitano que havia sido fundado em Portugal em 1802, cujo bicentenário foi comemorado em 2002, com a presença de vários Maçons brasileiros.

Vejamos o que Mário Name escreveu sobre a Loja "Comércio de Artes":

A Loja "Comércio e Artes" foi fundada no Rio de Janeiro, em 26 de junho de 1815. Essa Loja que vinha trabalhando de maneira independente (Maçom livre em Loja livre) não se filiara a qualquer Potência Internacional porque já tinha em mente a fundação de uma Obediência brasileira. Em 1822, era tão grande o número de Irmãos que compunham seu Quadro de Obreiros e, tendo chegado o momento político, dividiu-se em três Lojas metropolitanas:

"Comércio e Artes", "União e Tranquilidade" e "Esperança de Niterói". Essas três Lojas serviram de base para a fundação do Grande Oriente Brasílico ou Grande Oriente do Brasil, em 17 de junho de 1822 (in "A História da Maçonaria" de Darley Worm, em apostila enviada ao autor deste Trabalho).

O Padrinho e suas Obrigações

Quem se põe a escrever, seja matéria maçônica, seja matéria profana, tem que ser observador e deve procurar tema que seja útil e cuja leitura, além de agradar a quem lê, possa também ensinar-lhe alguma coisa.

O articulista Maçom deve procurar assunto que ajude o leitor na busca daquele conhecimento que o leve a melhorar-se culturalmente e/ou espiritualmente, de acordo com aquilo que a Maçonaria lhe pede para que se transforme em bom e útil "Construtor Social".

A Maçonaria é formada por homens. Há excelentes Maçons e também muitos que devem aplicar-se, se não para se tornarem excelentes, pelo menos bons.

Todos nós sabemos que o indivíduo por mais que se esforce terá sempre que extirpar defeitos e buscar crescer em virtude, para que o desbaste da "Pedra Bruta" possa transformá-lo em "Pedra Cúbica Polida", sem que exija, para tanto, um esforço acima do normal, mas que esteja de acordo com a força interior de quem veio da semiescuridão, para a semiclaridade de uma nova região.

É verdade que, ao lado de muitas coisas boas, acontecem outras não tão boas.

Não há dois indivíduos iguais, inclusive, por mais que alguém procure imitar outro, jamais conseguirá igualá-lo.

Entre homens, tudo pode acontecer. Rui Barbosa, em uma de suas tiradas oratórias, diz algo que nos obriga a pensar:

> *Amigos e inimigos estão, amiúde, em posições trocadas, uns nos querem mal e fazem-nos bem; outros nos querem bem e nos fazem mal.*

A Maçonaria é sábia na sua doutrinação. Ela ordena que combatamos o mal, mas proíbe-nos de combater o Irmão. Sabemos que um dos males que mais nos afligem é a vaidade exagerada de alguns. O homem precisa ser vaidoso, mas sempre na justa medida. Devemos, por exemplo, ter a vaidade de sermos Maçons. Mesmo neste caso, não podemos e não devemos extrapolar essa vaidade.

Entre nós, sempre existe alguém que deseja ser Venerável por pura vaidade. Outros querem ser Grão-Mestre ou pela sede de mando ou simplesmente por vaidade. Nem um nem outro jamais será um bom comandante de uma Loja ou de uma Obediência e podem até fazer um mal tremendo à Sublime Instituição.

O lema da mediocridade é: *Vanitas vanitatum, omnia vanitas* (vaidade das vaidades, tudo vaidade). A coisa é tão séria, o vocábulo tem tantos sentidos pejorativos que se o homem extremamente vaidoso abrisse o meu dicionário latino – Torrinha – publicado na cidade do Porto, Portugal, 1937, iria arrepiar-se todo.

Eis os vários sentidos da palavra *vanitas*. Abro o dicionário e leio: *Vanitas-atis (vanus) f. vaidade, futilidade, vã aparência, inutilidade, leviandade, falsidade, mentira, credulidade, jactância.*

Para que cheguemos ao ponto que o título deste ensaio nos indica, teremos ainda que percorrer uma vereda que, se não é curta, também longa não é, trazendo à balha alguns assuntos muito úteis aos que querem corrigir erros que são cometidos em Loja até por velhos Maçons.

Além da vaidade, há outras "virtudes esdrúxulas" que devem ser banidas de nosso meio. Citemos a pior de todas: **inveja.** O invejoso consegue trazer males sem conta ao meio em que vive.

Mudemos um pouco de assunto. É preciso que nos conscientizemos que a Maçonaria repousa sobre alicerces filosóficos que, entre outras coisas, serão de grande valia no campo da fraternidade.

Houve um filósofo, não nos lembramos quem, que nos deixou ensinamento de grande valor:

> *A reflexão filosófica é filha, antes de mais nada, da necessidade racional de explicar o meio em que vive o homem, de conhecer a si mesmo e as coisas que o cercam.*

Vamos adiante, que os dizeres desse filósofo é de grande validade não só para os iniciantes em Maçonaria, como para todos nós, novos ou antigos, moços ou velhos.

Em nossa vida maçônica temos tido a curiosidade de observar tudo o que nos cerca e tudo o que se faz. Temos tido, por outro lado, procurado lutar contra alguns daqueles males que nos afligem: combatemos e combateremos, enquanto vida tivermos, as invenções e os achismos.

Uma coisa que nos deixa muito triste é verificar o grande número de Irmãos que adormecem. O que levaria um Maçom a desertar das fileiras do bom combate?

É nosso pensar que existem razões para que isto aconteça. Há males que podem ser curados. Ao cabo de contas, somos Maçons e todos nós sabemos das nossas responsabilidades.

Será que todas as Oficinas cumprem aquilo para que foram criadas? Os Mestres são capazes de ensinar o que registram os Rituais? Existe e é executado um planejamento elaborado para ser cumprido? Os Vigilantes estão preparados para transmitir conhecimentos aos elementos de suas Colunas? Possui a Loja uma biblioteca, por menor que seja, para suprir as necessidades culturais daqueles Irmãos que nem sempre podem adquirir livros?

É preciso buscar ideias novas, tirando ensinamentos novos de algumas ideias bem antigas que estão nos Rituais.

O pensador Juvenal Arduini, um dos bons filósofos de nossos dias, na obra "O Estradeiro", traz ensinamentos da mais alta valia para nós Maçons. Vejamos o que ele diz sobre *criar*:

> *Criar é vocação humana, aniquilar é tentação ou patologia. Criar é produzir valores, é gerar recursos, é abrir possibilidades, é ampliar a consciência, é levantar projetos, é sugerir soluções, é construir o pequeno trecho que talvez falte aos caminhos da humanidade.*

Cumpre-nos agora **conversar com os Padrinhos.** Muitas e muitas vezes o Maçom é culpado por não obedecer a certos princípios que devem nortear a escolha e apresentação de Candidatos. Seria bom que nunca perguntássemos a alguém se desejaria ser Maçom. Há ocasiões em que são apresentados Candidatos que os Padrinhos mal conhecem.

O Padrinho, o nome já o diz, é responsável por aquele que ele apresentou, sobretudo na primeira fase, quando o novo Irmão mora na Coluna do Norte; é responsável, repetimos, pelo correto ensinamento que lhe deve ser dado. Dizer-lhe o que pode fazer e o que não pode fazer. Temos visto Aprendizes com as pernas cruzadas. Certamente não lhes foi dito que, em Loja, não se deve cruzar as pernas ou os pés. É preciso ensinar ao afilhado a maneira correta de sentar-se quando a Oficina estiver trabalhando. O Padrinho deve ter o cuidado de ensinar àquele que ele trouxe para a Loja as abreviaturas que vai encontrar no início de seus estudos.

É importante que os responsáveis pelos ensinamentos contidos no início da primeira lição do Ritual se esmerem em transmitir, correta e claramente, o que ali está. O Mestre de Cerimônias e o 2º Diácono devem estar preparados e conscientes do que estão fazendo. Os dois são responsáveis pela boa aprendizagem do novo Aprendiz sobre S. T. P.. É de grande importância essa primeira parte da primeira instrução.

Seria de grande valia que, antes de ser ministrada a segunda instrução alguém fosse encarregado pelo Venerável para discorrer sobre a Câmara de Reflexão, apontando toda a simbologia que existe ali. Falar sobre o V.I.T.R.I.O.L., mostrando as ligações existentes entre aquilo que a frase contém e os ensinamentos de Sócrates a partir do "conhece-te a ti mesmo", para a facilitação do desbaste da "Pedra Bruta".

Seria interessante que a Loja, pelo seu mandatário, escolhesse sempre para falar sobre a Câmara de Reflexão o Padrinho ou um dos Padrinhos quando houvesse mais de um novo Aprendiz.

Sabendo dessa obrigatoriedade, os Mestres dedicar-se-iam, de corpo e alma, em estudo amplo da matéria e dariam excelente instrução sobre aquele tema. Isto faria com que os Aprendizes tivessem a melhor das impressões sobre o conhecimento daqueles que os apresentaram à Loja.

Aprendizes e Companheiros, muitas vezes, não foram alertados sobre coisas simples e fáceis de aprender.

Por exemplo, quando se sai do Templo **temporariamente,** ao voltar faz-se a saudação somente ao Venerável Mestre. Essa saudação **é obrigatória.**

Outra coisa, não se pode fazer o Sinal tendo uma das mãos ocupadas. Isto que aí está dito serve também para grande número de Mestres Maçons que erram, desobedecendo ao que vem escrito no Ritual de Aprendiz.

Poderíamos apontar vários Rituais, sendo da mesma Potência (tudo o que estamos escrevendo refere-se ao Rito Escocês Antigo e Aceito), de anos diferentes. Abro o Ritual de Aprendiz da GLESP, de 1987, rodapé da página 8. Leiamos com atenção:

> *DOS SINAIS E SAUDAÇÕES – O Sinal de Ordem, bem como a saudação ritualística tem, como princípio básico, o corpo ereto, altivo, respeitando-se rigorosamente E.·. N.·. P.·.. Dessa forma, só são realizados quando o Obr.·. estiver de pé e parado ou praticando a Marcha Ritualística.*

Portanto, os Sinais e Saudações não podem ser feitos por quem esteja sentado, andando ou portando Instrumentos de Trabalho (Malhete, Bastões, Espadas, Livros, etc.).

Daí por que se o Irmão está de pé, lendo o Ritual, ou mesmo uma carta, uma folha de papel, não pode fazer o Sinal de Ordem, que só pode ser feito quando estiver com as duas mãos livres.

Talvez o erro seja cometido por causa do "portando" que alguns traduzem como "levar andando". O verbo *portar* (do latim *portare*) pode significar e significa também *trazer consigo*, *ter consigo*. Podemos dizer: fulano é muito feio, também ele porta um nariz enorme. Esse *porta um nariz enorme*, é como se disséramos – ele tem um nariz enorme.

Em nosso pensar, o Padrinho deve ser o responsável por aquele que ele indicou, em todos os sentidos.

O Padrinho há de ser o **MESTRE** do seu afilhado.

Que Pensava Ele?

Coluna do Norte? Coluna do Sul? Eu estava atônito, não sabia o que pensar. Tudo ali era diferente. Considerava-me culto, tinha curso superior, mas estava descobrindo que havia coisas em que nunca pensara, nem sabia se existia. Onde fora me meter... Havia razões e havia motivos para que estivesse quase arrependido de querer ser Maçom.

O pai fora Maçom, a mãe havia dito. Acontece que , quando o pai morrera, estava com seis para sete anos. Pensar em desistir não estava em meus cálculos. Estivera lendo aquele livrinho que me haviam dado no dia da Iniciação. Na capa estava escrito "Ritual de Aprendiz". Lera alguma coisa da primeira lição. Ficara sem saber o que pensar. Havia ali, naquela primeira lição, um apanhado geral da filosofia de Aristóteles.

Disseram-me que, de imediato, eu devia procurar conhecer a mim mesmo. Pensei... ali estava a base da pregação de Sócrates, era o *nosce te ipsum*.

Logo na primeira reunião, após a leitura de parte da primeira instrução, um Mestre se levantou, lá no Oriente, e começou a falar em Pedra Bruta, que o Aprendiz devia desbastar a sua Pedra Bruta. Eu não estava entendendo nada, desbastar Pedra Bruta? E o homem falou em Maço e em Cinzel...

Quase que perguntei para que desbastar a tal Pedra Bruta? Cadê coragem?

Todo esse pensar me ocorreu nos primeiros dias de minha entrada na Maçonaria.

Felizmente, agora estou entendendo tudo e concluo que a melhor coisa que me ocorreu foi ter pensado em ser Maçom.

Esse desbastar a Pedra Bruta é de uma sabedoria admirável. Comecei a pensar no "conhece-te a ti mesmo" de Sócrates e estou descobrindo que de mim mesmo pouco conheço. Isto é necessário para que possa alcançar, se não tudo, pelo menos parte do que a Maçonaria quer: que eu cresça em virtude, cresça em sabedoria. O que a Maçonaria quer de mim é que eu melhore em todos os sentidos, que eu me torne um Homem de verdade.

Agora começo a entender o verdadeiro sentido da citação que Tomás de Aquino fez de uma frase de Anselmo sobre a verdade.

> *A verdade consiste na retidão perceptível exclusivamente ao espírito.*

O que fazemos nós, na Maçonaria, a não ser a busca da verdade?

Estudando a doutrina da Maçonaria que me é oferecida através da exegese de Símbolos e Alegorias, começo a perceber o que seja virtude.

Voltei a ler a "Ética de Nicômaco" e começo a ter mais facilidade de entender o que Aristóteles fala sobre virtude. Agora percebo com mais clareza o que ele quer dizer quando afirma que

> *As virtudes não se geram em nós nem por natureza, nem contra a natureza, mas nascem em nós que, aptos pela natureza a recebê-las nos tornamos perfeitos mediante o hábito.*

Aliás, em outro capítulo de "A Ética", ele escreveu que

> *A virtude não é um afeto, nem uma potência, mas um hábito.*

A Maçonaria é sábia quando nos empurra na busca de uma melhoria. Sempre fui um homem de bem. Sempre procurei pensar da melhor maneira possível. Mas nunca parei para pensar que no meu interior havia virtudes e havia defeitos, talvez mais defeitos que virtudes.

Agora, mais do que nunca, tenho a grande responsabilidade de procurar extirpar defeitos e solidificar virtudes.

É perfeita a ensinança que nos é fornecida pelo V.I.T.R.I.O.L.. Quando estava na Câmara de Reflexão, por mais que quisesse, não pude atinar com o significado daquelas letras.

Hoje em dia, de vez em quando, paro para pensar na beleza filosófica dos ensinamentos daquela frase latina:

> *Penetra nos interiores da terra e esquadrinhando-os encontrarás a pedra oculta.*

Ponho-me a vasculhar o meu interior e descubro que tenho ali mais defeitos que virtudes. Já expulsei alguns, mas descobri que é muito difícil uma limpeza total.

Agora entendo bem as palavras daquele velho Maçom que tantos conhecimentos novos me tem prodigalizado.

> *Não nos iludamos, temos que desbastar a Pedra Bruta enquanto vida tivermos.*

Agora que mudei de residência, pois estou morando na Coluna do Sul, concluí, de imediato, que minha responsabilidade aumentou em dobro.

Não é à toa que aquele velho Maçom a que me referi, me avisou que o Grau mais importante da Maçonaria Simbólica é o segundo.

Pelas primeiras lições do Ritual já verifiquei que aquele Mestre tem razão. Diante de mim estão surgindo novidades e mais novidades que existem para serem conhecidas; para que possam ser conhecidas é preciso que me dedique de corpo e alma, estudando-as e, sobretudo, procurando compreendê-las.

O 2º Grau se apega ao amor ao trabalho. Porventura, existe trabalho melhor e maior que estudar? A filosofia de Parmênides de Eleia está presente na dualidade do SER e do NÃO SER.

Tenho que subir por uma escada íngreme em forma de **S** se quiser alcançar a porta que se me abrirá ao final de meus estudos como Companheiro. Já descobri que, depois dos três primeiros degraus, cinco são capitulados com os cinco sentidos e sete com as setes artes da antiguidade que Boécio dividiu em *trivium* e *quadrivium*. Isto faz com que eu saiba que irei me ver a braços com "empirismo" e "racionalismo". Afinal de contas, a Maçonaria é uma Escola, e que Escola...

Prometo a mim mesmo, na presença do Grande Arquiteto do Universo que, como Companheiro, vou estudar, vou pesquisar como nunca, para que me torne, mais tarde, um MESTRE MAÇOM de verdade.

George Berkeley

O que hoje publico pareceu-me depois de longo e minucioso estudo inteiramente exato, e de algum proveito, em especial aos já tocados de ceticismo ou desejosos de uma demonstração da existência e imaterialidade de Deus ou da natural imortalidade da alma.

Seja assim ou não, basta-me que o leitor o examine imparcialmente, pois nenhum outro êxito quero para o que escrevi, senão o acordo com a verdade.

Para isso, peço ao leitor que suspenda o juízo até ter lido tudo com atenção e a reflexão que o assunto parece merecer. Alguns passos em separado podem levar, e o caso é inevitável, a graves erros de interpretação e a consequências absurdas, que uma leitura cuidadosa mostrará não derivarem deles, mesmo uma leitura completa mas superficial trairá provavelmente o meu pensamento; mas para o leitor refletido confio que será claro e óbvio.

Quanto à novidade e a singularidade de algumas noções apresentadas, espero que seja desnecessário tecer a apologia.

Muito fraco ou muito pouco dado a saber será quem rejeita uma verdade demonstrável só, por ela ser nova ou contrária a prejuízos da humanidade. Por isso tratei de prevenir, se for possível, a censura precipitada dos que são prontos em condenar uma opinião antes de tê-la verdadeiramente compreendido (Tratado sobre os Princípios do Conhecimento Humano – prefácio do autor).

∴

George Berkeley nasceu em Kielkenny, Irlanda do Sul, em 1685 e faleceu em Oxford, em 1753.

De início, é interessante frisar que o melhor de sua obra, ele produziu quando ainda era moço. Veja-se, por exemplo, que o ótimo "Ensaio para uma Nova Teoria de Visão", ele o publicou quando tinha apenas 24 anos, em 1709. Sua obra-prima "Tratado sobre os Princípios do Conhecimento Humano", através do qual ele concebe seu sistema Filosófico, foi publicado em 1710. Três anos depois são publicados os "Três Diálogos entre Hylas e Filonous". Por aí se vê que Berkeley estabeleceu de maneira definitiva o seu sistema filosófico antes de alcançar os trinta anos de idade.

É no início do Século XVIII que se inicia uma reação contra uma certa tendência dos estudiosos de se afastarem da filosofia tradicional, bem como das crenças religiosas. Alastrava-se, então, uma concepção totalmente materialista do universo, pois a natureza era vista como algo que poderia ser explicada, sem que alguém se socorresse de fatos sobrenaturais.

Essa reação a que acima nos referimos partiu de George Berkeley. Para ele, o mal era oriundo da atenção exagerada que os estudiosos estavam atribuindo aos fenômenos físicos.

A importância que se atribui a Berkeley, segundo os melhores autores, se deve a ter ele negado a existência da matéria, o que fez sempre de maneira bastante engenhosa. Para ele, as coisas materiais só existiam ao serem percebidas.

Certo de que sua observação estava correta, não mediu esforços no sentido de provar que o mundo material é ilusório.

Berkeley serviu-se das falhas de Locke, quando este afirma

que os corpos percebidos pelos sentidos apresentam qualidades primárias (extensão, solidez, etc.) que pertencem aos próprios corpos e as secundárias, que eram atribuídas aos corpos por nossa consciência, o que significava que tais qualidades eram produtos da mesma.

Berkeley procurou demonstrar que nós temos conhecimento das qualidades dos objetos externos somente através das percepções.

No "Tratado sobre o Conhecimento Humano", ele afirma categoricamente que

> *as ideias impressas nos sentidos são coisas reais ou existem realmente; não o negamos, mas negamos que existam fora do espírito percipiente ou que sejam semelhanças de arquétipos exteriores ao espírito, pois uma sensação ou ideia, consiste em ser percebida, e uma ideia só pode assemelhar-se a uma ideia. Insisto em que as ideias dos sentidos podem chamar-se* ***externas*** *quanto à origem, visto não serem geradas pelo espírito mas nele impressas por um espírito diferente daquele que as percebe. Os objetos sensíveis também podem considerar-se fora do espírito em outro sentido, o de existirem em outro espírito; assim quando fecho os olhos as coisas que vejo existem mas só podem ser em outro espírito* ("Tratado sobre o Conhecimento Humano" – parágrafo 90, pp. 30-31).

Este extremado pensamento idealista de Berkeley recebeu o nome de solipsismo, concepção filosófica que reconhece tão somente a existência do EU, considerando o mundo circundante apenas como criação de consciência.

Para todos os filósofos anteriores a Berkeley o mundo físico era uma realidade, e realidade palpável.

Berkeley estabelece o princípio de que o que existe realmente é só aquilo que percebemos, afirmando mais que aquilo que percebemos não é matéria ou substância, uma vez que não percebemos as coisas como tangíveis; pressupor que o que percebemos possui uma substância que lhe é própria, não passa de uma conclusão precipitada.

A obra em que Berkeley procura equacionar o seu problema filosófico é "Três Diálogos entre Hylas e Filonous".

Alguns críticos afirmam que, nos "Diálogos", Berkeley se esconde na pele de Filonous, enquanto Hylas representa o senso comum educado cientificamente.

Vejamos o início do "Primeiro Diálogo":

Hylas – *Comprazo-me de verificar que não é verdade o que a vosso respeito alguns me disseram.*

Filonous – *E o que foi, pode-se saber?*

H. – *Na prática que tivemos na noite passada, apresentaram-vos como alguém que quer dar como boa a mais extravagante opinião que pode ocorrer a um homem, a saber: que não existe substância material no mundo.*

F. – *Que não existe aquilo que entre os filósofos se dá o nome de* ***substância material*** *– lá disso me persuado eu, e muito a sério; porém, se me levassem a ver de tal convicção qualquer absurdeza ou ceticismo, teria tanto motivo para renunciar a ela, decerto, como a que julgo ter agora para rejeitar a oposta.*

H. – *Quê! Pois pode haver coisa mais fantástica, mais repugnante ao senso comum, ou prova mais manifesta de ceticismo do que a crença de que a matéria não tem existência?*

F. – *Devagar, bom Hylas, devagar! Que diríeis então se se provasse que vós, que abonais a opinião de que a matéria existe, tendes por aí mesmo muito mais ceticismo, e mantendo maior número de paradoxos, de noções repugnantes ao senso comum do que eu, que não creio em tal?*

H. – *Mas fácil vos seria fazer-me crer, digamos, na opinião de que a parte é maior que o todo, do que levar-me jamais a acreditar que eu, para evitar o absurdo e o ceticismo, me sentirei obrigado a abandonar um dia a minha convicção a tal respeito.*

F. – *Pois vejamos, amigo. Estais disposto a admitir como sendo válida aquela opinião que vier a mostrar-se, mediante exame, como mais no trilho do senso comum e como mais afastada do ceticismo?*

H. – *Da melhor vontade. Já que vos apetece provocar contenda sobre o que há de mais claro na natureza, ouvirei com gosto o que vos apraz dizer-me.*

F. – *Com licença, Hylas; que entendeis por cético?*

H. – *O que toda gente: entendo alguém que duvida de tudo.*

F. – *O que não duvida, por conseguinte, acerca de um ponto particular, pelo que tange a esse ponto não pode ser dito um cético.*

H. – *Com isso vou eu.*

F. – *Consiste o duvidar, porventura, em tomar a solução afirmativa ou a solução negativa de uma questão?*

H. – *Não; em nenhuma das coisas; para quem quer que perceba o falar inglês,* ***duvidar*** *significa uma suspensão entre as duas.*

F. – *Logo, do indivíduo que nega um ponto qualquer não se pode dizer que duvida dele – nem mais nem menos do que de quem afirma com o mesmo grau de segurança.*

H. – *Assim é, de fato.*

F. – *Por conseguinte, ao primeiro, lá porque nega, não o teremos por mais cético do que ao segundo.*

H. – *Reconheço que sim.*

> F. – *Como então, ó Hylas, vos ocorre pronunciar que eu sou um cético, só porque nego o que é por vós afirmado, ou seja, a existência da matéria? Já que, como quer que digais, sou tão peremptório na negação como vós o sois no afirmar* ("Três Diálogos entre Hylas e Filonous", p. 50).

Os críticos chamam a atenção para a habilidade com que, em diálogos à moda de Platão, Berkeley defende as suas teses. Não restam dúvidas de que ele se baseia no dualismo de Descartes, segundo o qual não é possível que qualquer realidade possua, ao mesmo tempo, qualidades materiais e mentais, ou as coisas são da matéria ou são do espírito. Por isso a conclusão é uma só: para nós, os corpos não existem senão em nossa mente.

A esse respeito, Haddock Lobo expende o seguinte comentário:

> *Ao iniciar semelhante ordem de raciocínio, Berkeley talvez não se haja dado conta de que se estava dirigindo, fatalmente, no sentido de solipsismo. Desde que não seja possível conhecer senão os nossos fatos de consciência, não podemos ter certeza de outra realidade, a não ser nossa própria pessoa ou, melhor, a nossa própria vida mental* ("A Filosofia e sua Evolução", pp. 197-198).

Voltemos ao diálogo. Por ele se vê que a filosofia de Berkeley é idealista. O Prof. Moisés Mussa Battal diz que:

> *El idealismo sostiene la tesis de que no existen, al margen de la actividad de la conciencia, las cosas. (El paisaje es um estado de ánimo.) De esto, resulta que las únicas realidades son nuestros estados anímicos.*

E acrescenta:

> *Hay dos clases principales de **idealismos:** El subjetivo y el **objetivo.** Para el primero, las cosas existen solamente em nuestra*

> *conciencia como conjunto de fenômenos. Para el segundo, objetivo o lógico, las cosas non existen ni en nosotros, ni fuera de nosotros. Para existir, no necesita ser un concepto, esto es, engendrado por nuestro pensamiento* (*Curso de Docencia para Instructores Masones*, pp. 259-66).

O problema da análise psicológica, com Berkeley, assume aspectos importantíssimos, uma vez que ele o trata de tal modo que supera definitivamente os moldes da metafísica cartesiana.

Vejamos o que diz o filósofo Garcia Morente sobre o assunto:

> *O psicologismo de Locke tinha respeitado a substância de Descartes, na sua forma de substância pensante, substância extensa e Deus. Pelo contrário, Berkeley ataca diretamente esse conceito de substância extensa, de matéria. A distinção feita por Locke, entre qualidades secundárias e qualidades primárias, leva-o a negar objetividade às qualidades secundárias, mas, a seguir, concedendo plena existência, em si e por si aos corpos materiais, como substância extensa. Pois bem! Berkeley não compreende (e tem razão) como e por que privilegia Locke essas qualidades primárias e a seu caráter de puras vivências do eu e lhes acrescenta ainda o de ser reproduções fiéis de uma realidade existente em si e por si, fora do eu. Não o compreende Berkeley, nem eu o compreendo. Não tem fundamento, porque se o sabor e a cor são vivências e, como puras vivências, não têm outra realidade que a de ser vivências,* ***minhas vivências****, do mesmo modo a extensão, a forma, o número, o movimento são também vivências, exatamente o mesmo, iguais vivências; e como tais vivências não há nelas nenhuma nota que nos permita transcender delas como vivências, para afirmar a existência metafísica em si e por si das qualidades que elas indicam. Consequente com o psicologismo, Berkeley descobre, em todas as chamadas ideias, o mesmo caráter vivencial; e como todas elas são vivências, nenhuma delas me pode tirar de mim mesmo e transladar-me a uma região de existências metafísicas em si e por si* ("Fundamentos de Filosofia", p. 183).

∴

Afirmamos páginas atrás que o extremado pensamento idealista de Berkeley leva ao solipsismo.

Para ele, o ser ativo e que tem percepção é a mente, o espírito, o EU.

Essa tendência, indiscutivelmente, mantém o EU no âmbito do empírico. Porém, em tal caso, o EU seria somente um epifenômeno, quer dizer, uma hipótese desnecessária.

Aliás, a nós nos parece ter sido a conclusão a que chegaram as correntes realistas da psicologia.

O certo é que não se pode limitar o EU ao consciente, pura e simplesmente.

O homem ou EU se intui a si próprio, como algo permanente e real. Uma coisa é a consciência e outra o EU, objeto da mesma.

Francisco Espinar Lafuente deixa bem claro o que é o solipsismo:

> *El Yo se pude concebir de un modo solipsista, entendiendo que nadie puede afirmar que exista* ***otro yo****, sino únicamente el yo propio, que seria lo único real en el mundo* (*Esquema Filosófico en la Masonería*, p. 19).

∴

A discussão filosófica em torno da realidade do mundo físico, ou de substância ou da matéria, exigiu que todos os grandes filósofos emitissem suas opiniões e estas foram sempre as mais variadas possíveis.

Só para lembrar, citaremos três filósofos que viveram em épocas bem diferentes:

Para Plotino, a matéria é o nada; para Sartre, o nada é o finito; para Marx, a matéria é o ser.

Essa maneira de encarar a realidade é o mesmo que querer alcançar a realidade antes mesmo de poder conceituá-la. Para nós, a realidade nos impressiona e a sentimos com nossa inteligência. A verdade, é que a realidade é bem mais rica do que o conceito que dela possamos forjar.

Estamos instalados na realidade. Devemos encará-la sem nos importar com tal ou qual conceito. É grande o número dos que não compreenderam quais os rumos que a filosofia de Berkeley iria tomar, ou, pura e simplesmente, não a entenderam.

Paul Henri D'Holbach (1723-1789) considera a filosofia berkeliana um amontoado de afirmações inaceitáveis. Chegou a dizer que não só o mundo externo existe, mas o homem é obra da natureza e está submetido às suas leis. Nossas faculdades mentais dependem de nossa anatomia e fisiologia.

Obras de Berkeley:

Comentários Filosóficos

Ensaio para um Nova Teoria da Visão

Tratado sobre os Princípios do Conhecimento Humano

Três Diálogos entre Hylas e Filonous

Alciphron (contra os livres-pensadores)

O Analista (crítica ao cálculo diferencial e integral de Newton)

Uma Defesa do Livre-Pensamento em Matemática.

A Loja

Causa-nos admiração que haja quem busque a origem do vocábulo loja, vasculhando palavras que nada têm a ver com a verdadeira origem desse termo, um dos mais usados na Maçonaria.

E esses pesquisadores perdem um tempo enorme dando explicações e mais explicações sobre o significado de palavras usadas no tempo que a mais ninguém lembra.

Há quem afirme que loja vem do sânscrito – *loka*. Para outros, a origem daquele vocábulo é a palavra germânica *leubja*. Afinal, quem está de posse da verdade?

O que é certo é que o vocábulo já era usado na Maçonaria Operativa. Nicola Aslan cita Leonel Vibert como tendo afirmado que o vocábulo aparece pela primeira vez em documentos de 1292. Contudo, para que se possa chegar a saber em que sentido o termo era usado, necessário é que se verifique a significação existente na raiz da qual a palavra se deriva.

É claro que não seríamos nós que iríamos atrás do significado de alguma raiz de palavra do Sânscrito, ou de qualquer outro vocábulo do qual ignoramos até a pronúncia certa. No caso, o que nos interessa é a palavra portuguesa, ou qualquer outra palavra derivada do latim, uma vez que todas elas saíram de uma só e mesma raiz.

Qual a raiz formadora das palavras neolatinas *loggia* (italiano), *loge* (francês), *logia* (espanhol), *loja* (português).

A raiz dos vocábulos acima enumerados é *loc*, de *lócus*, i. Qual ou quais os significados do termo latino? Lugar, local, sítio, estado, propriedade territorial.

Exemplos: *in loco* (no lugar),
stare loco (permanecer no lugar),
in eo loco (neste lugar),
primum aedium lócus (vestíbulo).

Visto isto pode-se perfeitamente entender o sentido atribuído àquela palavra.

Busquemos os ensinamentos do mestre Nicola Aslan.

Citando os historiadores D. Knoop e G. P. Jones, Aslan nos diz que esses autores examinando as contas da Abadia de Vale Royal descobriram a construção de duas Lojas. Pela transcrição feita por Aslan, verifica-se que Loja nada mais era do que uma construção para ser usada pelos trabalhadores.

Vejamos o que dizem os historiadores citados por Nicola Aslan na obra já por nós apontada várias vezes:

> *Não somente as Lojas permitem aos operários de nelas fazerem suas refeições, repousar, mas ainda possibilitando aos talhadores de pedra de trabalharem durante o mau tempo. Aliás a importância das Lojas era grande sobretudo no inverno; os talhadores de pedra podiam, abrigados das intempéries, preparar material para os pedreiros que, eles, só regressariam aos trabalhos na volta da boa estação.*

Por outro lado, sabe-se que foi a Maçonaria escocesa a que primeiro usou a palavra loja com o sentido que lhe damos hoje.

Muitas vezes, alguém há de querer saber por que a Maçonaria emprega Loja em dois sentidos completamente diferentes.

As línguas lançam mão de recursos para que se possa expressar melhor o que se pensa.

A metáfora, por exemplo, consiste na translação do sentido próprio de uma palavra a outra. Este não é o nosso caso, mas vamos exemplificar:

> *A festa foi muito importante, pois ali estava a* ***nata*** *da sociedade paulista.*

Existe uma figura de linguagem chamada **metonímia** que nada mais é que o emprego de um vocábulo por outro.

Exemplos: toga por magistratura, o nome do autor pela obra – estou lendo Machado de Assis; o nome de uma substância pelo artefato – Ao amanhecer, ouvia-se, ao longe, o soar do bronze.

Por aí se vê que podemos empregar a palavra Loja na significação de reunião maçônica ou significando o lugar onde se reúnem os Maçons.

Mas vamos ao que viemos.

Em Maçonaria, o verdadeiro sentido do termo Loja é "reunião de Maçons". Portanto, quando nós nos reunimos, estamos em Loja.

Essa reunião de Maçons é o meio de que se vale a Ordem Maçônica para alcançar os seus objetivos. Sem Loja não existe Maçonaria.

É através das "reuniões de Maçons" que a Maçonaria busca tudo fazer para alcançar os objetivos que a levam aos seus altos destinos.

> – *Para que nos reunimos aqui?*
>
> – *Para combater a tirania, a ignorância, os preconceitos e os erros e glorificar o Direito, a Justiça e a Verdade. Para promover o bem-estar da Pátria e da Humanidade, levantando templos à virtude e cavando masmorras ao vício.*

Isto nos indica que as nossas reuniões são de grande importância.

Se a Loja é tão importante, como de fato o é, devemos saber

que a ela não se deve faltar. Seria bom que todos nós, Maçons, nos conscientizássemos de que a participação dos Obreiros é o "quase" tudo de uma Loja. Aliás, se existe algo importante na Maçonaria é a participação de seus membros aos trabalhos de suas Lojas.

O bom Maçom, o Maçom verdadeiro faz tudo para não perder os trabalhos de sua Oficina.

É preciso que se pense muito sobre o bom funcionamento de uma Loja. Durante a Sessão é preciso que se respeite a Ritualística, é mister que se esteja atento, é necessário que o Maçom proceda sempre de modo a não infringir qualquer tópico do Regimento Interno da Oficina.

Se a Loja não funciona adequadamente, se ali reina a discórdia, a inveja, a ganância, se existem Irmãos com "sede de mando", estaremos diante de algo que foge completamente àquilo que a Maçonaria quer dos seus afiliados.

Sabemos que onde está o homem aí está o erro, onde está o homem o vício poderá estar presente, no entanto é oportuno lembrar que a Ordem Maçônica proporciona a todos que a ela pertencem os meios e os modos ético-filosóficos para que cada um busque seu próprio aperfeiçoamento.

Tenhamos sempre presente a grandiosidade de uma Sessão Maçônica. A Loja representa o macrocosmo e, ao mesmo tempo, representa também o microcosmo, razão por que o comportamento de seus membros há de ser harmônico sempre voltado para um só e mesmo ideal, que repetimos e repetiremos sempre que acharmos necessário:

> *Combater a tirania, os preconceitos e os erros, glorificar o Direito, a Justiça e a Verdade. Levantar templos à virtude e cavar masmorras ao vício e promover o bem-estar da Pátria e da Humanidade.*

É necessário que se observe que uma Loja se constitui de um

maior ou menor número de participantes, onde haverá sempre diferenças culturais, ideológicas, além das diferenças de temperamento.

Haverá união e a Loja cumprirá tudo aquilo para que foi criada, se os elementos formadores de seu todo procurarem praticar aquelas virtudes denominadas éticas por Aristóteles: amabilidade, brandura, sinceridade e urbanidade ao conversar.

Em se atentando bem para o conjunto de Obreiros que compõem uma Oficina, verificaremos que a Loja é formada por elementos diferentes; todavia, se cumpridores de seus deveres maçônicos e dotados de virtudes éticas, apesar de todas as diferenças existentes entre eles, pode transformar-se em uma verdadeira escola de harmonia social.

A Loja, antes de tudo, é o lugar ideal, próprio para o Maçom buscar novos conhecimentos e aprimorar-se no que diz respeito à doutrina da Ordem.

Cabe a todos, especialmente aos Aprendizes e Companheiros, ouvir os Mestres encarregados das instruções, e tirar conclusões bem pensadas sobre os ensinamentos ministrados.

Quando o Maçom não está em horário de Loja, deve aproveitar o tempo disponível para ler os Rituais, para estudar, para pesquisar. É mister buscar novos conhecimentos e aprimorar os que já houver adquirido.

Aos Mestres, um alerta. A falta de um estudo mais aprofundado faz que, por vezes, fiquemos presos a alguns poucos filósofos, ignorando até a existência ou os ensinamentos de outros.

Exemplifiquemos: a maioria dos Maçons – para não dizer a quase totalidade – quando faz referência à numerologia, o nome que cita é o de Pitágoras de Samos. É claro que ninguém pode ignorar, maçonicamente falando, os ensinamentos dos pitagóricos. Podemos até afirmar, sem nenhum exagero, que Pitágoras é o nosso grande mestre, quando se trata da numerologia.

Todavia, existe um outro filósofo, da corrente dos

neoplatônicos, que muito tem a nos ensinar. Plotino tem importância marcante no estudo dos números, sobretudo, quando alguém deseja aprofundar seus conhecimentos sobre o UNO.

Por tudo o que aí está dito, podem os Irmãos deduzir do alto valor das Sessões Maçônicas, ocasião em que não se deve perder tempo e **sugar**, o mais que puder, o conhecimento daqueles que têm competência e estão ali para ensinar.

A QUESTÃO DO SILÊNCIO EM LOJA

É bom que os Aprendizes e Companheiros saibam que o permanecer em silêncio durante os trabalhos em Loja, é simbólico.

Aprendizes e Companheiros podem e devem falar, devem perguntar quando tiverem alguma dúvida sobre a instrução ministrada e isto deve ser feito obedecendo à Ritualística.

O Irmão Aprendiz tem alguma dúvida? Levante-se, fique à Ordem, dirija-se ao 1º Vigilante e diga-lhe que deseja fazer uma pergunta sobre a instrução. O 1º Vigilante transmite o que ouviu do Aprendiz ao Venerável Mestre que indaga a quem o Aprendiz quer fazer a pergunta.

O Irmão Aprendiz, após a fala do Venerável, pode fazer a pergunta ao 1º Vigilante ou a qualquer outro Mestre.

Tudo o que aí está posto com relação ao Aprendiz, serve também para o Irmão Companheiro, só que este deve dirigir-se ao 2º Vigilante.

Tudo o que está escrito acima, prende-se à Ritualística do Rito Escocês Antigo e Aceito.

Antes de pôr um ponto final nesta nossa arenga, queremos chamar atenção para um fato que nunca deve acontecer em Loja.

Um Mestre nunca, em hipótese alguma, deve divergir ou corrigir um outro Mestre. Isto porque a ética maçônica não o permite.

Aliás, essa ética exige que haja entre os Maçons o império do amor, da tolerância e da fraternidade.

Seria fugir dos princípios que regem a ética maçônica, humilhar um outro Mestre Maçom na presença, inclusive, de Aprendizes e Companheiros.

Se o Mestre Fulano cometeu erro grave durante sua fala, é necessário, é imprescindível que o Venerável Mestre, ou um outro Mestre mais antigo, converse com o Irmão particularmente, fora dos ouvidos de qualquer outra pessoa.

O erro grave não poderá deixar de ser corrigido, mas sempre dentro da ética e do respeito que o Mestre Maçom deve merecer e merece de todos nós, sem exceção.

Escola Autêntica

(e outras que tais)

Normalmente, o Maçom estudioso tem muito cuidado com o que lê sobre a Sublime Instituição.

Este princípio de conversa é para dizer que tenho encontrado em alguns autores (poucos, felizmente) uma divisão das chamadas Escolas referentes à Maçonaria.

Estudamo-las com atenção e... boa vontade, mas não encontramos nenhuma razão para aceitá-las. Uma delas, inclusive, reputamos perigosa.

A Escola Autêntica, segundo seus seguidores, baseia sua metodologia (sic) em antigos documentos cuja autenticidade dizem ter sido "rigorosamente" pesquisada. Entre o que lemos, encontramos uma frase que nos colocou em guarda. Segundo um dos seus seguidores R. F. Gould

> *se admitirmos que o Simbolismo Maçônico é anterior a 1717,* ***não haverá limites no cálculo de sua idade*** (o grifo é nosso).

Onde será que estão enfurnados os tais documentos: "documentos antigos cuja autenticidade foi rigorosamente pesquisada?"

A segunda Escola tem o epíteto de **Mística.** Essa Escola se apresenta com uma tirada capaz de convencer a qualquer Maçom que não se dê ao trabalho de pensar, de analisar o que lê.

Vejamos o que vem dito sobre essa Escola Mística:

> *Esta Escola encara os mistérios da Ordem como um plano, muito bem concatenado para o despertar espiritual do homem via desenvolvimento interno.*

Escola Antropológica é algo que conhecemos com outro nome. Ela se baseia nos estudos antropológicos. É aquela velha história: quando se diz que os antropólogos encontraram qualquer coisa que lembra Símbolo Maçônico, então fica "provada" a antiguidade e a universalidade da Maçonaria.

A Escola Oculta tem a ver com a chamada Ordem Comaçônica (ou Maçonaria Mista Internacional "Le Droit Humain" que está procurando atrair Irmãos da Maçonaria Masculina).

Para nós, tais escolas não existem e acreditamos que também não existam para os Maçons de verdade. Este assunto está encerrado.

Em matéria de divisões sabemos que temos duas que se referem aos Maçons: Maçons místicos e Maçons autênticos.

Para Theobaldo Varoli Filho, Maçom místico é o Maçom que fica preso ao passado, isto é, o Maçom sonhador, procurando nas lendas inspiração para que possa fazer a sua conceituação da Ordem.

O Maçom místico se apega ao trabalho de buscar as origens da Maçonaria na poeira do Tempo. Não dizemos que ele seja mal-intencionado, pelo contrário, ele é bem-intencionado, ama a Ordem, mas é possível que não tenha lido obras de Findel, ou de Nicola Aslan, ou de Castellani, ou de Xico Trolha, para citar apenas quatro entre os maiores escritores maçônicos, três deles tendo vivido no nosso tempo.

O Maçom autêntico é assim chamado porque não é um sonhador, não, ele tem os pés no chão. Não aceita dogmatismos.

Tem certeza de que não são corretas certas origens que alguns "estudiosos" querem dar à Maçonaria. Além do mais, sabem que a Maçonaria significa estudo, significa trabalho, significa ação, crescimento, evolução e aperfeiçoamento acima de tudo. Ele sabe que tem que voltar os olhos para as virtudes imperecíveis – Temperança, Fortaleza, Prudência e Justiça.

Está provado que quem primeiro estudou essas virtudes em profundidade foi Aristóteles na excelente obra "Ética de Nicômaco".

O estudo das virtudes é matéria que não pode ser tratada "por cima", pois correríamos o risco de nos enquadrarmos naquilo que Platão deixou escrito no "Fedro".

> *Tu ofereces aos alunos a aparência e não a verdadeira sabedoria, porque eles recebem, graças a ti, muitas informações sem aprendizagem e se consideram homens de grande saber embora permaneçam fundamentalmente ignorantes e desagradáveis companheiros porque de fato não conquistaram a sabedoria, mas a presunção da sabedoria* (Fedro 275-e).

É necessário, portanto, que aquilo que se ensina deve englobar aquele conteúdo sólido, baseado em conhecimento concreto e alicerçado em uma didática que se aproxime o mais que possa da perfeição.

Para que consigamos adquirir conhecimento perfeito, devemos dedicar-nos com atenção ao estudo para que não nos enquadremos naquela resposta que Sócrates deu a Glauco:

> *Diremos, pois, que os que veem muitas coisas, mas não enxergam o Belo em sua essência, nem podem seguir aos que o desejam ver em condições de realmente vê-lo; que veem muitas coisas justas, mas não a justiça mesma e assim tudo o mais; desses tais diremos que todos os seus conceitos são opiniões que não conhecimento* ("A República", V-157).

Ao ler essa transcrição de "A República" é preciso não nos esqueçamos de que "a teoria platônica das ideias" é o fundamento da corrente do pensamento que abarca todos os livros de "A República". Daí por que seria impossível situar Platão em qualquer escola – idealista, realista ou espiritualista. O que vale é que se chegue àquela conclusão apontada pelo próprio Platão:

> *É necessário que os objetos possuam neles mesmos e por si mesmos, realmente, uma certa constância da sua realidade que não sejam, em relação a nós e por nosso meio, puxados para cima, para baixo com a imagem que deles fazemos; mas que, pelo contrário, por si mesmos e em relação a si mesmos, possuam a exata realidade original de sua natureza* ("Crátilo", 386 c).

A Loja "Comércio e Artes" e a Fundação do Grande Oriente do Brasil

A história dos inícios da Maçonaria no Brasil é cheia de altos e baixos, de marchas e contramarchas.

É nosso pensar que o Areópago de Itambé, fundado em 1796, na fronteira de Pernambuco com a Paraíba, tenha sido o verdadeiro introdutor da Ordem no Brasil.

Aliás, Pernambuco contribuiu de maneira extraordinária para que a Maçonaria se fixasse em terras do Brasil.

Além do Areópago, surgiram ali as Academias consideradas por vários autores como verdadeiras Lojas Maçônicas.

Antônio do Carmo Ferreira, Grão-Mestre do Grande Oriente de Pernambuco, na plaqueta de sua autoria, com o título de Academia, Centro de União e Progresso, escreveu o seguinte:

> *Tivemos em Pernambuco, no primeiro quartel do século XIX, a Academia de Suassuna, dirigida pelo Cel. Francisco de Paula Cavalcanti de Albuquerque, da qual também fizeram parte Antônio Carlo Ribeiro de Andrade e Frei Joaquim do Amor Divino Caneca, ambos encontrados por seus adeptos, participando da Revolução Pernambucana de 6 de março de 1817.*

Na relação de Mário Verçosa, *past* Grão-Mestre do Grande Oriente do Amazonas, entre as dezesseis Lojas, apontadas por ele como as primeiras fundadas no Brasil, constam três de Pernambuco: Loja "Pernambuco do Oriente", Loja "Pernambuco do Ocidente" e Loja "Revolução Pernambucana", todas fundadas em 1817.

O Grão-Mestre Antônio do Carmo, na plaqueta História do GOIPE, Caderno IX, traz uma citação do que escreveu Monsenhor Muniz Tavares, onde é confirmada a existência de duas das Lojas citadas por Mário Verçosa. Vejamos o que escreveu o excelente historiador Antônio do Carmo:

> *As Lojas a que se reporta Monsenhor Muniz Tavares são a "Pernambuco do Oriente" (fundada por Antônio Gonçalves Cruz Cabugá) e a "Pernambuco do Ocidente" (fundada por Domingos José Martins).*

Monsenhor Muniz Tavares não cita a Loja "Revolução Pernambucana"; em compensação cita duas Lojas que não estão relacionadas por Verçosa: as Lojas "Restauração e Patriotismo", e "Guatimozim".

Na transição que apontamos, Muniz Tavares, referindo-se à "Guatimozim", diz que essa Loja abateu Colunas, sendo que a quase totalidade dos elementos que formavam o seu Quadro de Obreiros fundaram a Loja "Seis de Março de 1817". E cita como Venerável dessa Loja o Irmão Vicente Ferreira de Guimarães Peixoto.

No Rio de Janeiro, em 1800, foi fundada a Loja "União". Essa Oficina cresceu de tal maneira que, no ano seguinte, tomou o nome de "Reunião". A Loja "Reunião", que trabalhava no Rito Adonhiramita, recebeu Carta Constitutiva do Grande Oriente da Ilha de França, tornando-se assim a primeira Loja regular do Brasil.

Uma estrela de primeira grandeza – Loja "Comércio e Artes"

– foi a grande "culpada" por tudo o que aconteceu de bom, de certa época em diante, no Brasil.

Quando da sua fundação, já havia no Brasil dezenas de Lojas, contudo, além da Loja "Reunião", as Lojas "Constância" e "Filantropia", ambas fundadas no Rio de Janeiro, eram as únicas que tinham Carta Constitutiva de uma Potência Maçônica, ambas estavam filiadas ao Grande Oriente Lusitano, Potência fundada em Portugal em 1802.

O Irmão Mário Verçosa, já anteriormente citado por nós, subscreveu uma relação de dezesseis Lojas, como sendo as primeiras fundadas no Brasil. Fora ele Grão-Mestre do Grande Oriente do Estado do Amazonas e era figura respeitável da Ordem pela sua cultura maçônica.

A relação do Irmão Verçosa aponta as Lojas de acordo como vinham sendo criadas:

1 – "Cavaleiros da Luz", Salvador, 1717
2 – "Reunião", Rio de Janeiro, 1801
3 – "Virtude e Razão", Salvador, 1802
4 – "Constância", Rio de Janeiro, 1803
5 – "Filantropia", Rio de Janeiro, 1803
6 – "Emancipação", Rio de Janeiro, 1803
7 – "Beneficência", Rio de Janeiro, 1803
8 – "Distintiva de Niterói", Niterói, 1812
9 – "Comércio e Artes", Rio de Janeiro, 1815
10 – "Pernambuco do Oriente", Recife, 1817
11 – "Pernambuco do Ocidente", Recife, 1817
12 – "Revolução Pernambucana", Recife, 1817
13 – "União e Tranquilidade", Rio de Janeiro, 1817
14 – "Esperança de Niterói", Niterói, 1821
15 – "Conciliação Pernambucana", Recife, 1822
16 – "Nove de Janeiro", Rio de Janeiro, 1822

Por essa relação se observa que Mário Verçosa apontou quase todas as Lojas que compuseram a Maçonaria do Brasil no seu início.

Ao que sabemos ficaram de fora três Lojas de Pernambuco: "Restauração e Patriotismo", "Guatimozim" e "Seis de Março de 1817", esta última fundada em 1821.

Não faremos a injustiça, deixando de mencionar o papel de Pernambuco neste trabalho extraordinário para a fixação da Ordem Maçônica no Brasil e, genuflexo diante do Altar do Grande Arquiteto do Universo, reverenciar a memória dos Maçons pernambucanos que pagaram com a vida o sublime desejo de verem a Pátria livre!

SALVE A REVOLUÇÃO PERNAMBUCANA DE 1817! O SANGUE DOS MAÇONS DE PERNAMBUCO ETERNIZARAM A TUA MEMÓRIA!

O que sabemos sobre a vida maçônica pernambucana aprendemos com esse Maçom de primeira água que é Antônio do Carmo Ferreira, já por nós citado anteriormente. Antônio do Carmo, além de ser – é o nosso pensar – o maior orador da Maçonaria brasileira nos tempos de agora, é um estudioso da história da Maçonaria pernambucana, tendo publicado até um belíssimo livro intitulado "O Areópago de Itambé".

No início deste arrazoado já dissemos alguma coisa sobre a posição de Pernambuco na história da implantação da Maçonaria em terras do Brasil. Todavia, vamos nos servir de um dos Trabalhos de Antônio do Carmo, intitulado "História do GOIPE" – Caderno IX, para voltar a falar de Pernambuco.

Naquele Trabalho, o autor cita o doutor Mário Melo, Presidente do Instituto Arqueológico de Pernambuco, em discurso pronunciado no dia 4 de fevereiro de 1909. Antônio do Carmo lembra que aquele memorável discurso foi pronunciado na solenidade em que a Loja "Seis de Março de 1817" recebia o título de benemérita. E Antônio do Carmo cita até que o texto do discurso foi publicado pela Tipografia J. Agostinho Bezerra, Rua Barão da Vitória, 10, Recife, em formato de livro, com o título "A Maçonaria no Brasil – Prioridade de Pernambuco".

Pedimos vênia ao historiador para transcrever *ipsis litteris* um tópico da obra citada.

> *Na referida obra o Doutor Mário Melo ressalta este papel da Maçonaria pernambucana, não só nas ideias, mas também na ação, ao registrar que "a maior glória de Pernambuco é ter sido o oriente de todas as glórias do Brasil". E mais: "Posso afirmar sem o temor de uma contestação, que foi Pernambuco, das províncias do Brasil, a primeira que sentiu sobre seu solo as fortes colunas de um Templo Maçônico, onde a par de estudos científicos, de combinações políticas para a independência da Pátria, se rendeu sincero culto ao Supremo Arquiteto do Universo". Ele se referia ao Areópago de Itambé, fundado por uma plêiade de sábios coordenados pelo Irmão Manuel Arruda da Câmara, em 1796, tendo suspendido suas atividades em 1801.*

Passemos, agora, a falar sobre o que o título nos sugere.

No dia 26 de junho de 1815, alguns Maçons fundaram a Loja "Comércio e Artes". É de ver-se que as Colunas daquela Oficina foram erguidas por Maçons que tinham algo que talvez não tivesse passado pela cabeça de outros fundadores de Lojas.

Os fundadores da "Comércio e Artes" queriam uma Loja independente. Não tinham intuito de receber Carta de Potência estrangeira, como outras Lojas já haviam adquirido do Grande Oriente da Ilha de França e do Grande Oriente Lusitano.

O fito primeiro daqueles Maçons era fundar uma Potência brasileira, que pudesse agasalhar aquelas Lojas todas que fossem consideradas irregulares.

Ia tudo muito bem, as Oficinas trabalhando a todo vapor. Vai daí que, em Pernambuco, em 1817, Maçons e Profanos se uniram e fizeram uma revolução e instalaram a República pernambucana. O sonho durou pouco. Os revolucionários foram presos e pagaram com a vida a sublime vontade de quererem uma pátria livre.

Mais que depressa, no dia 30 de março de 1818, sua alteza

real editou um Alvará Régio proibindo o funcionamento no Brasil de sociedades secretas.

A Maçonaria parava de funcionar (?) dali em diante. A Loja "Comércio e Artes" fechou as portas, depois de haver queimado todos os seus livros e tudo aquilo que pudesse prejudicar os Obreiros de seus Quadros.

Mas, com lá diz o ditado popular, *"não há bem que sempre dure, nem mal que nunca se acabe"*.

A família real retornou a Portugal e a brisa doce e suave da liberdade voltou a soprar pelos pagos do Brasil.

Assim, no dia 24 de junho de 1821, foi feito e reerguimento das Colunas da Loja que adotou o nome de "Comércio e Artes da Idade do Ouro".

Os sonhos dos seus fundadores não esmaeceram. E a Loja cresceu. Para fundar uma Potência era necessária a presença de três Lojas. A "Comércio e Artes da Idade do Ouro" dividiu os Obreiros que formavam os seus Quadros e mais duas Lojas nasceram: "União e Tranquilidade", e "Esperança de Niterói".

E no dia 17 de junho de 1822 foi fundado o Grande Oriente do Brasil cujo primeiro governo ficou assim constituído: Grão-Mestre, José Sampaio; Primeiro Grande Vigilante, Joaquim Gonçalves Ledo; Grande Orador, Januário da Cunha Barbosa.

O Fundo Moral da Filosofia de Sócrates

Sócrates sabe que o homem é finito; assim, por mais que ele consiga aumentar o seu conhecimento, por maior que seja esse conhecimento, será sempre muito mais ignorante que sábio. O conhecimento do sábio, vamos supor do mais sábio de todos os homens, seria como que uma gota diante do mar imenso de conhecimentos que ele ignora. Quando Sócrates diz que nada sabe, ele não o diz por falsa modéstia. É que ele tem noção exata das limitações do homem no campo do saber.

Quanto mais sábio é o indivíduo, maior é a noção que ele possui da sua própria ignorância. Talvez seja esta a maior razão da sua ironia: rir-se da fatuidade daqueles que se julgam sabedores de todas as coisas. Assim, a ironia em Sócrates é uma atividade francamente filosófica. É por isso que Francis Wolff afirma que a ironia socrática...

> *Talvez seja uma atitude profundamente filosófica. Pois quer ela se exerça sobre as coisas, sobre os outros ou sobre si, ela tem sempre um efeito saneador e purificador. Nem o escárnio ou o sarcasmo, marcas de uma vaidade finalmente dogmática, nem*

a hipocrisia ou o embuste, sempre malignos, mas sim a ironia simples e artificiosa.[1]

Enquanto os sofistas passeiam a sua sabedoria pelas ruas de Atenas, procurando fazer as coisas tendo em mira sempre o progresso pessoal, o enriquecimento rápido, visando poder conquistar o domínio do prestígio popular, Sócrates dedica-se, de corpo e alma, esquecido de si mesmo, a melhorar o estado moral e espiritual dos atenienses.

Entrega-se ele com toda a energia possível à educação da juventude. Educa e instrui. E nesse educar, passa Sócrates a subordinar o discurso a uma busca irrecusável da verdade em identificação permanente com o bem moral.

Ele interpreta a exortação do Oráculo de Delfos (conhece-te a ti mesmo) como indicação maior para não perder nunca de vista a sua própria limitação. Daí a razão por que Sócrates dedica sua vida ao conhecimento da verdade.

Essa união da consciência moral aliada ao conhecimento intelectual do verdadeiro e do falso, tornaram-se princípios da civilização hodierna.

Enquanto os sofistas negam qualquer discussão teórica sobre o bem e o mal, Sócrates defende a ideia de que ninguém pratica o mal pelo simples prazer de praticá-lo voluntariamente. Sim, porque ao praticar o mal, o homem age sem antes ter pensado, sem antes ter examinado o resultado efetivo do seu agir.

Sócrates refere-e àquele exame do qual nasce o saber que transforma o homem, dando-lhe a noção de que o mal deve ser evitado.

Procurando pensar com clareza, que é o "bem"?, que é o

---

1 Francis Wolff – "Sócrates", p. 60. São Paulo, 1987.

"mal"?. O "bem" de hoje pode não ser o "bem" de ontem; o "mal" de hoje pode não ser o "mal" de amanhã.

Para que se entenda a proposta moral da filosofia socrática é necessário não desfitar os olhos de uma grande verdade: cada homem é homem no sentido concreto do termo, existindo, vivendo dentro do seu tempo, dentro de sua trama social, convivendo com determinado período que se fará história, com uma certa condição cultural, maior ou menor dependendo do seu esforço de busca, de pesquisa, de indagação. Desse modo é diferente a existência do homem-concreto, daquela existência que ele mesmo percorre como homem-abstrato.

Penetrando neste assunto não há como não filosofar...

O homem-abstrato é o **homem-humanidade**, a composição heterogênea de todos os indivíduos, vivos ou mortos, sábios ou ignorantes.

O homem apresenta, pois, duas faces completamente diferentes: ele-próprio e ele-humanidade... Como homem **ele-próprio** guarda para si tudo aquilo de bom que haja conseguido para o enriquecimento de sua inteligência.

O homem passa a ser **homem-humanidade**, quando passa a participar da própria humanidade, distribuindo com os outros homens as riquezas adquiridas por sua inteligência.

Apesar de Sócrates afirmar que ninguém é mal, porque ninguém faz o mal voluntariamente, não se pode negar que é mais fácil a distribuição do mal do que a repartição do bem.

Por quê?

Podemos responder, apontando o próprio exemplo de Sócrates que se dedica a educar e a instruir a mocidade de sua terra. E ele o faz convicto de que assim está trabalhando para evitar que o mal domine o bem.

Quantos seguiram ou seguem o exemplo de Sócrates? O mal, para Sócrates, repetimos, é fruto da ignorância porque consiste no não ter sabido agir, não ter tido a virtude necessária para fazer o bem.

É do nosso pensar que a moralidade pode não ser ciência como as outras, mas implica também, como as outras, em um conjunto de dados espirituais, experimentais e culturais.

Em primeiro lugar, Sócrates se vale da FORÇA interna para se dedicar ao TRABALHO e o faz com convicção, mas, sobretudo, com amor, de vez que ele está em busca da CIÊNCIA.

Sócrates busca a verdadeira ciência, a flor da sabedoria, porque sabe que assim conseguirá a virtude.

Ele acha que o homem de posse da virtude, conseguida através da verdadeira sabedoria, que é, nada mais, nada menos, que o aperfeiçoamento moral do espírito, chegará à pureza e, só assim, conseguirá a grande LUZ da VERDADE.

Conforme já vimos, Sócrates, pela sua filosofia moral admite que todos os que se conduzem mal são ignorantes e imprudentes.

O mal existe, por quê?

Sócrates diz que o LOGOS é aquilo segundo o qual todas as coisas acontecem, e mesmo sendo o LOGOS coisa comum por excelência o homem se afasta dele.

O homem está sempre envolvido por dois grandes mistérios: o mistério do seu nascimento e o mistério da sua morte, e por mais que faça, por mais que lute, por mais que medite, nunca terá de si mesmo um conhecimento total. Se o homem pudesse abarcar uma perspectiva do conjunto que é ele mesmo – corpo e espírito – talvez pudesse vir a descobrir o "quase" tudo sobre si mesmo.

É por isso que Sócrates entende que só a "ciência", só a verdadeira sabedoria leva o homem ao bem, pelo seu próprio aperfeiçoamento.

Para Sócrates a virtude é um saber. E aí estamos diante de um paradoxo, uma vez que, para ele, só se adquire a virtude pelos caminhos do saber. A virtude não pode ser ensinada mas pode ser sugerida. O saber que a virtude exige, não é um saber que se possa adquirir, como se adquire o conhecimento das matemáticas ou da gramática. Para que se o adquira, é necessário todo um esforço interior, que ninguém pode fazer por nós, mas que a FILOSOFIA nos faz descobrir sua urgente necessidade.

Sócrates não escreveu uma só linha. Mas a sua vida e sobretudo a sua morte são o grande e eterno poema da filosofia do bem e da moral.

Bibliografia

Grande parte das informações e conceitos emitidos nesta obra (mormente sobre a Abolição e sobre as Cruzadas) são frutos de profundas pesquisas do autor. Juntamos, nesta bibliografia, obras, nem todas usadas por nós, mas que poderão servir para pesquisas de nossos leitores trazendo-lhes maiores benefícios históricos e maçônicos.

AQUINO, T. *Compêndio de Teologia*, São Paulo, 1985.

ARDUINI, J. *O Estradeiro* , Petrópolis, s/d.

ARISTÓTELES. *A Ética de Nicômaco*, Rio de Janeiro, s/d.

ASLAN, N. *A Maçonaria Operativa.* Londrina: "A TROLHA", 2008.

BARBOSA, R. *Projeto em prol da Libertação dos Escravos.* São Paulo, 1870.

BATTAL, M. M. *Curso de Docencia para Instructores Masónicos.* Santiago do Chile, 1995.

______. *Lições de Filosofia Geral e Maçônica.* São Paulo, s/d.

CAMINO, R. da. *Introdução à Maçonaria* – 2º v. Rio de Janeiro: Aurora, 1972.

CASTELLANI, J. *Ação Secreta da Maçonaria na Política Mundial.* São Paulo: Landmark, 2001.

_____. *Do Pó dos Arquivos*. Londrina: "A TROLHA", 1996.

_____. *Manias e Crendices em Nome da Maçonaria*. Londrina: "A TROLHA", 2002.

_____. *Os Maçons que Fizeram a História do Brasil*. São Paulo: A Gazeta Maçônica, 1973.

CASTELLANI, J. e RODRIGUES, R. *Cartilha do Companheiro*. 4. ed.. Londrina: "A TROLHA", 2009.

COSTA. F. G. *Breves Ensaios sobre a História da Maçonaria Brasileira*. Londrina: "A TROLHA", 1993.

_____. *Questões Controvertidas da Arte Real*. Londrina: "A TROLHA", 1995.

FERREIRA, A. C. *A Função do Maçom na Sociedade*. Londrina: "A TROLHA", 2009.

FERREIRA, C. R. B.. CAPARELLI, D. *Os Templários no 3º Milênio*. Brasília: Santa Terezinha, 1998.

HUTIN, S. *Les Francs Maçons*. Paris, 1964.

KANT, E. *Crítica da Razão Prática*. São Paulo, 1996.

LA FUENTE, F. E. *Esquema Filosófico de La Masonería*. Madrid, 1968.

LOBO, K. J. H. *A Filosofia e sua Evolução*. São Paulo, 1979.

MORENTE, M. G. *Fundamentos de Filosofia*. São Paulo, 1996.

OF OCKAM, W. *Summa Totius Logicae*. São Paulo, 1985.

PALOU, J. *A Franco-Maçonaria Simbólica e Iniciática*. São Paulo s/d.

PLATÃO. *A República*. São Paulo, s/d.

_____. *Fedro*. São Paulo, s/d.

POLINSKI, C. *Filosofia*. Rio de Janeiro, 1972.

REBELO, M.. *As Cruzadas*. Rio de Janeiro: Tecnoprint, s/d.

RODRIGUES, J. M. *Martinho Rodrigues e a História do Brasil*. São Paulo, 1979.

RODRIGUES, R. *Maçonaria – Filosofia & Doutrina*. 2. ed. São Paulo: GLESP, 2010.

ROUSSELL, B. *História da Maçonaria Ocidental* - livro II. São Paulo, 1976.

SANTOS, J. A. dos. *13 de Maio*. Coletânea 1. Londrina: "A TROLHA", 1993.

THEIS, A.. *No Tempo das Cruzadas*. São Paulo: Verbo, 1986.

VIEIRA, V. *Sorocaba não Esperou o 13 de Maio*. Sorocaba, 1988.

WOLFF, F. *Sócrates*. São Paulo, 1987.

WORM, D. *Da História da Maçonaria* (apostila). Porto Alegre, 2007.

Obras do Autor

PROFANAS

Riachão (romance), 2ª edição, esgotada.

Trovas, ed. esgotada.

Trovas do Ontem e do Hoje, ed. esgotada.

Sonetos e outras poesias, São Paulo, 2009.

MAÇÔNICAS

Análise da Constituição de Anderson (parceria com José Castellani), Londrina, Ed. "A TROLHA", 1995.

Cartilha do Companheiro, 4ª edição (parceria com José Castellani), Ed. "A TROLHA", Londrina, 2009.

Filosofia da Maçonaria Simbólica, vol. I, 2ª edição, Londrina, Ed. "A TROLHA", 2009.

Filosofia da Maçonaria Simbólica, vol. II, 2ª edição, Londrina, Ed. "A TROLHA", 2009.

Maçonaria – filosofia & doutrina, 2ª edição, São Paulo, Ed. GLESP, 2010.

Filosofia da Maçonaria Simbólica, vol. III, 2ª edição, Londrina, Ed. "A TROLHA", 2009.

Visão Filosófica da Arte Real, Londrina, Ed. "A TROLHA", 2002.

Sutilezas da Arte Real, Londrina, Ed. "A TROLHA", 2003.

Maçonaria e o Hábito da Virtude, Londrina, Ed. "A TROLHA", 2004.

Amizade e Justiça, Londrina, Ed. "A TROLHA", 2005.

Templo de Salomão (edição esgotada), Londrina, Ed. "A TROLHA", 2005.

Entre Colunas (edição esgotada), Londrina, Ed. "A TROLHA", 2006.

Filosofia da Maçonaria Simbólica, vol. IV, Londrina, Ed. "A TROLHA", 2007.

Cartilha do Mestre, Londrina, Ed. "A TROLHA", 2008.

Cartilha do Rito Escocês Antigo e Aceito, Ed. "A TROLHA" Londrina, 2010.